ビルドアップ式でスラスラ話せる!

+足すだけ
英会話
トレーニング

中西哲彦=著

協力:茅ヶ崎方式英語会

JN087432

アルク

はじめに

あなたは、新見南吉をご存知でしょうか。「ごん狐」や「手袋を買いに」を書いた作家と言えばぴんとくる方もいらっしゃることでしょう。彼は、私の地元の愛知県半田市出身の児童文学作家なのですが、実は東京外国語学校（現在の東京外国語大学）を卒業していて、英語の先生としても活躍していました。そんなところに親しみを感じ、私は英語の授業で、よく新見南吉の話を引き合いに出して、生徒に英作文をさせます。

たとえば、「新見南吉は、児童文学作家としてはよく知られているが、英語教師だったことは、あまり知られていません」と言う場合。頭から英語にしようとすると、こんなふうになりそうです。
Nankichi Niimi wrote many stories for children. His stories have been read by many children and adults. However, few people know that he was an English teacher.（新見南吉は子どものためにたくさんの物語を書いた。彼の作品は多くの子どもや大人に読まれている。しかし、彼が英語教師だったことを知る人はあまりいない）

もちろん、これでも間違いではありません。でも、あなたがある程度、英語を学んできたなら、「なんだかスッキリしない英語だなぁ、これで満足したくない。もっと知的な言い方ができないかな」と思うかもしれませんね。

その場合、Despite his fame in children's literature, few people know that Nankichi Niimi was an English teacher.（児童文学での名声にもかかわらず、新見南吉が英語の教師だったことを知る人はあまりいない）。こんなすっきりした1文が組み立てられるといいですよね。この『足すだけ英会話トレーニング』は、このような英語の表現力を身に付けるための一冊です。

具体的には、文の「核」となる部分（上記の文では few people know ... ）に、その他の情報（有名だ・児童文学の分野で・英語教師だった・知られていない・知名度に反して）を次々加える（これを「ビルドアップ式」と呼びます）ことで、目標となる、余計な枝葉を取り払った、知的な文を形成していきます。課題となる長い文を目の前にすると、途方に暮れるかもしれませんが、少しずつ組み立てていけばいいのです。やがて「核」の見つけ方や、情報を付け加えるルールやコツが身に付いてきます。

本書のもう一つの特色として、課題となる文や語彙が、大人の英語学習にぴったり、ということが言えます。社会、政治、経済、スポーツ、科学、文化などの話題について正しく伝えること、また、ニュースなどで見聞きしたこと、資料、書籍で読んだことを絡めながら、自分の考えや感想も伝えられるようになります。

　課題となる英文は、40年にわたり、日本の英語学習者のためにラジオニューススタイルで英語教材を提供している「茅ヶ崎方式英語会」のテキストの一部を引用・参考にしています。事実や史実を伝え、より豊かで知的なコミュニケーションをとれるような英文を精選しました。さらには、現代社会について語るために必要な語彙もたくさん吸収できるでしょう。あなたが高校までで学んだ単語や熟語、文法知識を総動員して取り組んでください。

　また、5つの課題をこなしたあと、対話形式のReviewで仕上げをします。学んだ英文を、相手の質問に合わせて再編集して語らなければなりません。「誤解している。本当のことを教えてあげよう」、「知らないんだ。伝えてあげよう」という、私たちが生来、持っている「教えたい、伝えたい」気持ちをベースにした、コミュニケーション形式の練習です。ここまでくると、すっきりした英文をつくるための構文ルールが、しっかり自分のものになっていることが感じられるはずです。

　アルクは、「地球人ネットワークを創る」をスローガンに、1年で1000時間、1日3時間を目標にした、通信講座「1000時間ヒアリングマラソン」を1982年に開講しました。一方で、茅ヶ崎方式英語会は1981年に当時のNHK国際放送英語記者によって創設され、「世界の英語ニュースを聴いてわかるようになる」ことを目標とした学習会を始めました。

　この『足すだけ英会話トレーニング』は、「日本人の英語コミュニケーション力の向上を目指し」「聞くことを大切に学ぶ」という、同じ思いを持つ両社のコラボによるテキストです。目（文字）だけに頼る学習ではなく、耳と口を重視した学習を続けてください。みなさんが世界を相手に活躍されることを祈念しております。

2021年8月　　中西哲彦

CONTENTS

はじめに ……………………………………………………… 002

この本の使い方 …………………………………………… 011

音声ダウンロードの方法 ………………………………… 015

第 一 章 社会一般・生活／国内

❶ 国内外から5千万人の旅行客が、毎年、日本の古都京都を訪れる。……… 018

❷ ほとんどの若い人にとって、スマートフォンなしで生活するのは
おそらく難しいだろう。………………………………………………… 020

❸ 23歳の学生が、バイクで日本の全1741の市町村を
訪れることを成し遂げた。……………………………………………… 022

❹ 日本で外国人観光客に人気のある呼び物には、
富士山と新幹線と寿司がある。………………………………………… 024

❺ ある調査によると、既婚者の40パーセントが、
生まれ変わっても同じ相手と結婚したいそうだ。…………………… 026

Review ここまでの復習 ………………………………………………… 024

❻ 日本政府は企業に、新型コロナウイルス感染症が蔓延する中、
テレワークを導入するよう強く求めた。……………………………… 030

❼ その医師は、麻疹にかかる人の数が、
この夏日本で、増えるかもしれないと警告した。…………………… 032

❽ かつての人気広告キャラクター「トリスおじさん」は、
昭和の時代の古き良き日々を思い起こさせる。……………………… 034

❾ 福井県にネコデラ、つまり猫の寺と呼ばれるお寺があり、
そこではたくさんの捨てネコの世話をしている。…………………… 036

❿ 日本人の学者が、カンボジアのアンコールワットの
保護と修復に貢献して、国際的な賞を受賞した。…………………… 038

Review ここまでの復習 ………………………………………………… 040

⓫ 東京都心での即位パレードのために、2万6千人の警察官が動員され、
厳重な警備対策が取られた。…………………………………………… 042

⓬ 医療用大麻の位置づけに関する新たな法律が、
9月までに制定される見込みだ。……………………………………… 044

⑬ 多くの言語で書かれているので、その災害緊急情報は、
たいていの海外からの訪問者にとって役に立つはずだ。⋯⋯⋯⋯⋯⋯ 046

⑭ 高齢化社会に対応するために、自動運転輸送システムの
開発と実現を推進することは、日本にとって急務だ。⋯⋯⋯⋯⋯⋯⋯ 048

⑮ 東京の「フラワーデモ」集会の数百人の参加者は、性暴力被害者が
心に傷が残る自らの体験について話すのを聞いた。⋯⋯⋯⋯⋯⋯⋯ 050

Review ここまでの復習 ⋯⋯⋯⋯⋯⋯⋯⋯⋯⋯⋯⋯⋯⋯⋯⋯⋯⋯⋯ 052

第二章 環境・自然

⑯ 名古屋ではこの冬、平年より52日遅い初雪が降った。⋯⋯⋯⋯⋯⋯ 056

⑰ 秋の東京を訪れる最も良い時期は、木の葉が赤や黄色に色づく
11月下旬にやってくる。⋯⋯⋯⋯⋯⋯⋯⋯⋯⋯⋯⋯⋯⋯⋯⋯⋯⋯ 058

⑱ 悲しいことに、その台風で、90人ほどの人が
東日本の広い範囲で亡くなった。⋯⋯⋯⋯⋯⋯⋯⋯⋯⋯⋯⋯⋯⋯⋯ 060

⑲ 会議での議論の焦点は、
いかに温室効果ガスの排出を削減するかだった。⋯⋯⋯⋯⋯⋯⋯⋯⋯ 062

⑳ 高度経済成長期以降、日本では、かなりの数の浜辺が埋め立てられ、
生態系を損なっている。⋯⋯⋯⋯⋯⋯⋯⋯⋯⋯⋯⋯⋯⋯⋯⋯⋯⋯⋯ 064

Review ここまでの復習 ⋯⋯⋯⋯⋯⋯⋯⋯⋯⋯⋯⋯⋯⋯⋯⋯⋯⋯⋯ 066

㉑ 多くの観光客が、静岡県の河津川沿いの早咲きの桜を見て楽しんだ。⋯⋯ 068

㉒ マイクロプラスチックは、プラスチックごみが
5ミリ以下に細かく砕けて生まれる。⋯⋯⋯⋯⋯⋯⋯⋯⋯⋯⋯⋯⋯⋯ 070

㉓ この2つの石は表面に溶けた跡があるので、隕石だと思われる。⋯⋯⋯ 072

㉔ どんな洪水被害も防げるよう、東京の渋谷駅の地下に
新しい雨水貯留施設が完成した。⋯⋯⋯⋯⋯⋯⋯⋯⋯⋯⋯⋯⋯⋯⋯ 074

㉕ 専門家によれば、クマの食料となるドングリなどの食べ物が、
生息地に少ないそうだ。⋯⋯⋯⋯⋯⋯⋯⋯⋯⋯⋯⋯⋯⋯⋯⋯⋯⋯⋯ 076

Review ここまでの復習 ⋯⋯⋯⋯⋯⋯⋯⋯⋯⋯⋯⋯⋯⋯⋯⋯⋯⋯⋯ 078

第三章 社会一般・生活／海外

㉖ アムネスティ・インターナショナルは、イギリスのロンドンに
本部を置く、活動的な人権団体である。⋯⋯⋯⋯⋯⋯⋯⋯⋯⋯⋯⋯⋯ 082

㉗ 銃に反対する団体はアメリカ政府に、一般市民の銃器入手を
　厳しく制限するよう強く求めた。 084

㉘ スペースX社のクルー・ドラゴンは、人類を宇宙に運んだ
　初の民間の宇宙船になった。 086

㉙ 日曜日、大勢の人々が全米の大都市で人種差別に抗議して行進した。 088

㉚ アメリカの大統領選挙は4年ごとに、
　11月の第一月曜日の後の、火曜日に行われる。 090

Review ここまでの復習 092

㉛ C型肝炎ウイルスの発見により、3人の科学者たちが
　共同でノーベル医学賞を受賞した。 094

㉜ 2019年、ドイツは、冷戦の象徴だった
　ベルリンの壁崩壊の30周年を祝った。 096

㉝ 国際的な科学者チームが、地球から5500万光年の
　銀河の中心にあるブラックホールの史上初の画像を捉えた。 098

㉞ 国際労働機関は、各国政府と企業に、職場でのハラスメント防止対策を
　取るよう求めた。 100

㉟ ノーベル平和賞の授賞式がノルウェーのオスロで、
　ICANの主要メンバーと原爆被爆者3人が出席して行われた。 102

Review ここまでの復習 104

第四章　スポーツ・文化

㊱ 長く行方不明だったレオナルド・ダ・ヴィンチの絵が
　ニューヨークのオークションで約4億5千万ドルで売れた。 108

㊲ 大坂なおみさんが、ニューヨークで開催された
　2018年と2020年の全米オープン女子シングルスで優勝した。 110

㊳ 水泳選手の池江璃花子さんは白血病から回復し、
　19カ月ぶりに試合に復帰した。 112

㊴ オーストラリア大陸を横断するソーラーカー・レースが、
　2年に一度、開催される。 114

㊵ そのアニメ映画の興行収益は、過去最高の46億円となった。 116

Review ここまでの復習 118

㊶ 大学ラグビー選手権大会の決勝戦は、
　新国立競技場に5万8千人の満員の観客を呼び込んだ。 120

㊷ 故・田部井淳子さんは、「セブンサミット」、
つまり7大陸すべての最高峰に登った最初の女性だった。 ……………… 122

㊸ 児童文学の作家としての名声にもかかわらず、新見南吉が安城市の
女子高で教えていたことは、ほとんど知られていない。 ……………… 124

㊹ 黒澤清さんが映画「スパイの妻」で、ヴェネツィア国際映画祭において
最優秀監督賞を受賞した。 ……………………………………………… 126

㊺ 沖縄の高校の野球チームが神奈川のチームを破り、
全国高校野球選手権大会で優勝した。 ………………………………… 128

Review ここまでの復習 ……………………………………………… 130

第五章 政治・外交

㊻ 首相は、拉致問題は自らの政権の最優先事項だと繰り返し述べてきた。 ‥ 134

㊼ アメリカは日本にもっとアメリカ製品、
特に農産物を輸入するように迫っている。 ……………………………… 136

㊽ 政府には、厳しい財政状況を改善するために、
あらゆる努力をすることが必要だ。 ……………………………………… 138

㊾ 横浜市民は、カジノリゾート開発計画が自分たちにとって
本当にいくらかでも良いものになるか疑っている。 …………………… 140

㊿ 国連は、北朝鮮が弾道ミサイル計画に関連する、すべての活動を
ただちに停止することを要求している。 ………………………………… 142

Review ここまでの復習 ……………………………………………… 144

㉛ 専門家は、アメリカとイランが戦争に突入する可能性があると
警告している。 …………………………………………………………… 146

㉜ 中国は、石垣市議会の決議を、自国の領土主権に対する
重大な挑戦だと表現した。 ……………………………………………… 148

㉝ 日本はカンボジアに、2億8千万円にのぼるODA無償援助を
供与することを決定した。 ……………………………………………… 150

㉞ 日本政府は、5年間で概算27兆円の予算を
防衛のために使うことを計画している。 ………………………………… 152

㉟ 日本政府は、武器の生産に用いられるいくつかの物資について、
韓国への輸出規制を強化した。 ………………………………………… 154

Review ここまでの復習 ……………………………………………… 156

56 核兵器禁止に関する歴史的な条約が、
122の国と地域の支持を得て採択された。 158

57 中国は香港に対する統制を強化するために、
(香港に)国家安全法案を導入した。 160

58 韓国の戦闘機が、韓国の領空を侵犯した
ロシアの偵察機を追い払うために威嚇射撃を行った。 162

59 抗議する人たちは、日本初の大規模な武器見本市の会場の外で、
武器の貿易は違憲だと主張しながらデモを行った。 164

60 2018年のAPEC首脳会議の参加者は、米中間の緊張のため、
共同宣言の合意に至らなかった。 166

Review ここまでの復習 168

61 高まる国際的批判にもかかわらず、日本政府は発展途上国への
石炭火力発電所の輸出計画を進めている。 170

62 海上自衛隊の護衛艦1隻と哨戒機2機が、情報収集任務のために
中東へ派遣された。 172

63 自民党の古参議員らは、そう遠くない将来、
首相が衆議院を解散する可能性があると言っている。 174

64 首相は、被災した住民の生活を正常に戻すために、
政府は全面的な努力をするつもりだと述べた。 176

65 首相は、日本はインフラや環境などの分野で
ASEAN諸国への経済支援を増やす用意があると述べた。 178

Review ここまでの復習 180

第六章 事件・事故

66 たくさんの人が、富士山上空の夜空に
火の玉のような物体が点滅するのを見た。 184

67 横田めぐみさんは1977年、学校からの帰宅途中に
北朝鮮の工作員に拉致された。 186

68 森の中でキノコを採っているとき、老人はヒグマに出会い、
襲われて大けがをした。 188

69 防弾チョッキを着た銃撃犯が無差別に発砲し始め、
3人を殺害、他に17人を負傷させた。 190

70 ある銀行員に、12階建てのビルの足場から落ちてきた
鉄パイプが当たって重傷を負わせた。 192

Review ここまでの復習 ……………………………………………… 194

71 南カリフォルニアで発生した山火事の一つは、
太平洋に到達するまで延焼し続けた。…………………………… 196

72 銀行員が偶然、問いかけなかったら、その老婦人は、
振り込め詐欺で300万円をだまし取られただろう。………… 198

73 2020年5月16日、フランス警察は26年前のルワンダ大虐殺に
関与したと考えられる、国際指名手配犯を逮捕した。………… 200

74 マレーシアの税関職員によると、5千匹以上のカメが2人のインド人によって、
中国から飛行機で違法に持ち込まれたとのことだ。…………… 202

75 合わせて24人が乗った5隻の日本の漁船が、歯舞諸島沖で
ロシア当局に拿捕された。………………………………………… 204

Review ここまでの復習 ……………………………………………… 206

第七章 医療・健康

76 75歳以上の運転者は、認知機能検査を受ける必要がある。……… 210

77 海外で動物にかまれたら、たとえささいなものに見えても、
ただちに医師に診てもらいなさい。……………………………… 212

78 風疹の感染が日本で拡大しており、妊婦への深刻な危険性について
懸念が高まっている。…………………………………………… 214

79 オプジーボは、がん細胞と戦うため
身体の免疫系統を活性化するようにつくられている。………… 216

80 デング熱は蚊によって伝染し、人から人に直接広がることはない。…… 218

Review ここまでの復習 ……………………………………………… 220

81 ある調査によれば、朝食を食べる生徒は食べない生徒より学力が高い。…… 222

82 ある日本の会社は、喫煙をしない従業員に、
年6日間の追加の休日を与えることを決定した。……………… 224

83 世界的な健康志向の高まりの中で、すべての
人気ファストフードチェーンは肉類の代替品をメニューに加えた。…… 226

84 ユニセフの子どもの幸せに関する報告書は、
日本の子どもの心の健康を38カ国中ワースト2位と評価した。…… 228

85 がんや心臓疾患、脳疾患による死亡率の低下と、健康意識の高まりが
平均寿命をさらに延ばした。……………………………………… 230

Review ここまでの復習 ……………………………………………… 232

第 八 章 経済

86 パソコンの全世界の出荷量が、2019年に7年ぶりに増加した。.............. 236

87 昨年、カジュアル衣料品大手のユニクロは、1963年の創業以来、
最大の利益をあげた。.. 238

88 おそらく海外での日本食人気を反映して、
日本酒の輸出が増加している。... 240

89 全国のスーパーやドラッグストアで、
買い物客はトイレットペーパーが売り切れていてがっかりしていた。..... 242

90 その会社では、時々、日本各地から社員が参加して
オンライン会議を行う。.. 244

Review ここまでの復習 246

91 日本の公債が2019年3月末に1100兆円に達し、
国内総生産の2倍となった。.. 248

92 若者がネットショッピングを好むので、ファストファッション
小売業者の中には、最近売上が減少しているところがある。............... 250

93 日本の消費者支出は、10月の消費税増税の後、
落ち込んだと言われている。.. 252

94 金融情報によれば、今日の東京市場の為替相場は
1ユーロ124円前後だ。.. 254

95 そのショッピングモールは、駅の近くの便利な場所にあるので
多くの買い物客を集めている。.. 256

Review ここまでの復習 258

96 GSユアサはハンガリーで、年間の生産能力が最大50万個という
リチウムイオン電池工場の操業を開始した。.................................... 260

97 ある専門家によると、米中間で続く貿易摩擦から恩恵を受けている
アジアの国がいくつかあるという。... 262

98 日本企業は、アフリカ諸国への投資を増やす取り組みで
中国の企業から立ち遅れている。.. 264

99 米国商務省は、2018年にアメリカの対中国貿易不均衡が拡大し、
赤字が6210億ドルに達したと報告した。....................................... 266

100 日本の国内総生産は、2020年、約5兆800億ドルに達し、
アメリカ、中国に次いで第3位だった。.. 268

Review ここまでの復習 270

この本の使い方

　この『足すだけ英会話トレーニング』は、高校卒業くらいの語彙力と文法の知識を持ちながらも、いざ英語を話すとなると、挨拶程度のやりとりで終わってしまう、深みのある話ができない、あるいはネイティブ同士の会話に入っていくのに躊躇してしまう、という悩みをお持ちの方に向けて編まれた、スピーキング力をつけるためのトレーニングの本です。

　スピーキング力をつけるためには、自分でも口に出さなければなりません。ぜひ、本書の音声をダウンロードしてからページを開いてみてください。ダウンロード方法はp. 015にあります。

　この本を終えると、見開きの左ページ上に日本語で示される課題文100個が、英語で言えるようになります。「こんな難しい日本語、ムリムリ!」と思われるかもしれませんが、短い英文からじょじょに長くしていくので、恐れることはありません。ポーズの所で英語で言ってみましょう。何度かチャンスがあるので、あせらなくても大丈夫。最初は英文を見てもかまいません。また、右ページの上には、文を組み立てるヒントとなる「POINT」があります。ここを見た後で、トレーニングを始めるとよいでしょう。

　5つの英文が終わると「Review」という復習ページが設けられています。ここまでで学んだ英文を基に、短い会話をしてみます。何も頭に思い浮かばない場合は、本編に戻って確認しましょう。

　また、この本は全部で8章に分かれていて、社会一般・生活、環境・自然、スポーツ・文化、政治・外交など、硬軟とりまぜたさまざまなトピックについて語れるようになります。各章の冒頭のページでは、この章で学ぶ英文で使われる単語やフレーズのいくつかを載せています。予習してから学習をスタートしましょう。

　繰り返しますが、英語を話せるようになるには、話す練習をするしか道はありません。脳に汗をかきながら真剣勝負でじっくりとトレーニングしましょう。学習の手順と本書の構成を次ページから説明しますので、ぜひ一読してみてください。

● トレーニングの手順と本書の構成 ●

すべて音声に沿ってトレーニングが進みます。慣れてきたら、テキストからなるべく目を離し、音声だけを頼りに英語で言ってみましょう。

● **本編**（1〜100の英訳）の例

〈 日本語 〉　❶ 旅行客が京都を訪れる。　➡

〈 英　語 〉　❶ Kyoto attracts tourists. ➡

〈 ポーズ 〉　　英語で言ってみよう　　　➡

〈 英　語 〉　❶ Kyoto attracts tourists. ➡

〈 ポーズ 〉　　英語で言ってみよう　　　➡

〈 日本語 〉　❶ 旅行客が京都を訪れる。　➡

〈 ポーズ 〉　　英語で言ってみよう　　　➡

〈 日本語 〉　② 旅行客が日本の古都京都を訪れる。➡

● 「**Review** ここまでの復習」の例

〈 A英語 〉　**A:** Is Kyoto still a popular tourist spot?　➡

〈 ポーズ 〉　　英語で答えてみよう　　　➡

〈 B英語 〉　**B:** Yes, I think so. Kyoto, the former capital of Japan, attracts 50 million tourists from home and abroad every year. ➡

〈 ポーズ 〉　　英語を繰り返してみよう　➡

①**ターゲット例文**
この日本語が英語で言えるように、
トレーニングを始めます。

②**POINT**
ターゲット例文を英語化する際に
ヒントとなる、構文やキーワード
のポイントです。

③**Tr.**
該当のトラック番号を
聞きましょう。

---

02 ほとんどの若い人にとって、スマート
フォンなしで生活するのはおそらく難
しいだろう。

🎧 Tr. 002

POINT
「A（人）が、BするのはC（形容詞）だ」は、It + be C + for A + to
B（動詞原形）の形で組み立てます。

❶ それは難しいだろう。

❷ それはおそらく難しいだろう。

❸ それはおそらく若い人たちにとって難しいだろう。

❹ それはおそらくほとんどの若い人たちにとって難しいだろう。

❺ ほとんどの若い人たちにとって、スマートフォンなしで生活するの
はおそらく難しいだろう。

❶ It would be difficult.

❷ It would probably be difficult.

❸ It would probably be difficult for young people.

❹ It would probably be difficult for most young people.

❺ It would probably be difficult for most young people to
live without a smartphone.

most young people で「たいていの／
ほとんどの若い人は」という意味になります。
most of 〜となると、most of the young
people in Japan（日本の若い人の
ほとんどが）のように、後ろに限定する
言葉を伴います。

020

021

---

④**トレーニング用和文・英文**
短い英文から始めて、5〜6つのステップを踏ん
で、パーツを付け足していき、最終的にターゲッ
トとなる模範英文が言えるようになります。

　ポーズで英語を言ってみましょう。3回チャン
スがあるので、一度目は英文を見ながら、二度
目と三度目は英文を見ずに、という工夫をしてみ
てもいいでしょう。

⑤**ミニ知識**
この英文に関連して覚えて
おきたい、ミニ知識です。

⑥対話トレーニング用和文・英文

ここまで学んだ英文を、短い対話形式で復習します。左の日本語を見て、①Aの英語を聞き→②ポーズでAに答え→③模範例文Bで答え合わせをし→④もう一度Bを繰り返します。余裕があれば、何も見ずに①〜④を繰り返すと定着します。言えなかった場合には、本編に戻って練習しましょう（なお、Bの赤字部分は、本編でトレーニングした英文の引用箇所です）。

Review ここまでの復習　🎧 Tr. 006-010

日本語を見ながら①Aを聞き→②ポーズで学んだ英文を使って答え→③模範例文Bを聞き→④もう一度、英文を繰り返します。次に何も見ずに①〜④をやってみます。うまく言えない場合は本編に戻りましょう。

01. A: 京都は今も人気のある観光地ですか？
B: はい、そう思います。国内外から5千万人の旅行客が、毎年、日本の古都京都を訪れますから。

01. A: Is Kyoto still a popular tourist spot?
B: Yes, I think so. Kyoto, the former capital of Japan, attracts 50 million tourists from home and abroad every year.

02. A: うちの娘は、どこに行くにもスマートフォンを持ち歩いています。
B: そうですね、ほとんどの若い人たちにとって、スマートフォンなしで生活するのはおそらく難しいと思います。

02. A: My daughter carries around her smartphone wherever she goes.
B: Well, I think it would probably be difficult for most young people to live without a smartphone.

03. A: あなたは、日本のほとんどの場所をバイクで訪れていますよね？
B: そうでもありません。少なくとも、私が読んだ23歳の学生には及びません。彼は日本の全1741の市町村をバイクで訪れることを成し遂げたんです。それは快挙ですよね。

03. A: You've visited most places in Japan on a motorbike, haven't you?
B: Not really. At least, not compared to a 23-year-old student I read about. He succeeded in visiting all 1,741 municipalities of Japan by motorbike. That's an achievement.

04. A: 日本への観光客に人気のある呼び物は何ですか？
B: 日本で外国人観光客に人気のある呼び物には、富士山と新幹線と寿司があります。

04. A: What are the popular attractions for tourists to Japan?
B: Among the popular attractions for foreign tourists in Japan are Mount Fuji, bullet trains and sushi.

05. A: 結婚しているカップルの多くは、自分たちの結婚生活を失敗だと言うと思いますか？
B: どうでしょうね。ある調査によると、既婚者の40パーセントが、生まれ変わっても同じ相手と結婚したいそうです。

05. A: Do you think many married couples would describe their marriages as unsuccessful?
B: I don't know. A survey shows that 40 percent of married people would like to marry the same partner if they were to be born again.

1　社会／報／生活／国内

音声ダウンロードの方法

本書では、音声マーク（🎧 Tr. 001）の付いた箇所の英文や会話文の音声が聞けます。以下の方法で無料でダウンロードできますので、本書の学習にお役立てください。

 パソコンをご利用の場合

「アルク・ダウンロードセンター」https://www.alc.co.jp/dl/ から音声がダウンロードできます。書籍名（『足すだけ英会話トレーニング』）、または商品コード（7021035）で本書の音声を検索し、画面の指示に従って操作してください。

 スマートフォンをご利用の場合

学習用アプリ「**booco**」https://www.booco.jp/ をご利用ください。「booco」のインストール方法は表紙カバー袖でもご案内しています。インストール後、ホーム画面下「探す」から、書籍名（『足すだけ英会話トレーニング』）、または商品コード（7021035）で本書を検索し、音声ファイルをダウンロードしてください。

本サービスの内容は、予告なく変更する場合がございます。あらかじめご了承ください。

第一章

:)

社会一般・生活／国内

この章では、以下のような単語やフレーズが出てきます。
学習の前に目を通しておきましょう。

- ☐ 国内外から：from home and abroad
- ☐ 市町村：municipalities
- ☐ 呼び物：attractions
- ☐ 新型コロナウイルス感染症：COVID-19
- ☐ はしか：measles
- ☐ 捨てネコ：abandoned cats
- ☐ 即位パレード：enthronement parade
- ☐ 医療用大麻：medical marijuana
- ☐ 自動運転輸送システム：autonomous transportation system
- ☐ 性暴力被害者：sexual violence victims

01 国内外から5千万人の旅行客が、毎年、日本の古都京都を訪れる。

❶ 旅行客が京都を訪れる。

❷ 旅行客が日本の古都京都を訪れる。

❸ 旅行客が毎年、日本の古都京都を訪れる。

❹ 5千万人の旅行客が、毎年、日本の古都京都を訪れる。

❺ 国内外から5千万人の旅行客が、毎年、日本の古都京都を訪れる。

▶ POINT

「訪れる」は visit ではなく、京都が「ひきつける」「集める」の意味の
動詞 attract を使いましょう。

---

❶ Kyoto attracts tourists.

---

❷ Kyoto, the former capital of Japan, attracts tourists.

---

❸ Kyoto, the former capital of Japan, attracts tourists every year.

---

❹ Kyoto, the former capital of Japan, attracts 50 million tourists every year.

---

❺ Kyoto, the former capital of Japan, attracts 50 million tourists from home and abroad every year.

数の表記は、日本語では4桁、英語では
3桁で区切ります。
123,123,123,123,123 は、
日本語では
123兆1千231億2千312万3千123、
英語では
123 trillion 123 billon 123 million
123 thousand 123
となります。

02 ほとんどの若い人にとって、スマートフォンなしで生活するのはおそらく難しいだろう。

 Tr. 002

❶ それは難しいだろう。

❷ それはおそらく難しいだろう。

❸ それはおそらく若い人たちにとって難しいだろう。

❹ それはおそらくほとんどの若い人たちにとって難しいだろう。

❺ ほとんどの若い人たちにとって、スマートフォンなしで生活するのはおそらく難しいだろう。

▶ POINT

「A（人）が、BするのはC（形容詞）だ」は、It ＋ be C ＋ for A ＋ to B（動詞原形）の形で組み立てます。

❶ It would be difficult.

❷ It would probably be difficult.

❸ It would probably be difficult for young people.

❹ It would probably be difficult for most young people.

❺ It would probably be difficult for most young people to live without a smartphone.

most young people で「たいていの／ほとんどの若い人は」という意味になります。most of 〜となると、most of the young people in Japan（日本の若い人のほとんどが）のように、後ろに限定する言葉を伴います。

03 23歳の学生が、バイクで日本の全1741の市町村を訪れることを成し遂げた。

 Tr. 003

❶ 学生が成し遂げた。

❷ 23歳の学生が成し遂げた。

❸ 23歳の学生が市町村 (municipalities) を訪れることを成し遂げた。

❹ 23歳の学生が日本の全市町村を訪れることを成し遂げた。

❺ 23歳の学生が日本の全1741の市町村を訪れることを成し遂げた。

❻ 23歳の学生が、バイクで日本の全1741の市町村を訪れることを成し遂げた。

▶ POINT

「23歳の学生」はハイフンを使って A 23-year-old student、「〜を成し遂げた」は succeed(ed) in 〜（名詞か動名詞）を使います。

❶ A student succeeded.

❷ A 23-year-old student succeeded.

❸ A 23-year-old student succeeded in visiting municipalities.

❹ A 23-year-old student succeeded in visiting all municipalities of Japan.

❺ A 23-year-old student succeeded in visiting all 1,741 municipalities of Japan.

❻ A 23-year-old student succeeded in visiting all 1,741 municipalities of Japan by motorbike.

日本語でバイクは「オートバイ」、英語で bike と言うと「自転車」。23-year-old は、この3語で一つの形容詞です。years とはならないので注意しましょう。

04 日本で外国人観光客に人気のある呼び物には、富士山と新幹線と寿司がある。

 Tr. 004

❶ 人気のある呼び物は富士山と寿司だ。

❷ 日本で人気のある呼び物は、富士山と寿司だ。

❸ 日本で人気のある呼び物は、富士山と新幹線と寿司だ。

❹ 日本で人気のある呼び物には、富士山と新幹線と寿司がある。

❺ 日本で外国人観光客に人気のある呼び物には、富士山と新幹線と寿司がある。

▶ POINT

「Dの中にはAやBやCがある」を意味するAmong D are A, B and C. を核に使ってみましょう。

❶ Popular attractions are Mount Fuji and sushi.

❷ Popular attractions in Japan are Mount Fuji and sushi.

❸ Popular attractions in Japan are Mount Fuji, bullet trains and sushi.

❹ Among the popular attractions in Japan are Mount Fuji, bullet trains and sushi.

❺ Among the popular attractions for foreign tourists in Japan are Mount Fuji, bullet trains and sushi.

動詞 attract は「ひきつける」、
形容詞 attractive で「魅力的な」、
名詞 attraction で「ひきつけるもの」と
なります。

05 ある調査によると、既婚者の40パーセントが、生まれ変わっても同じ相手と結婚したいそうだ。

❶ 人は同じ相手と結婚したい。

----

❷ 既婚者は同じ相手と結婚したい。

----

❸ 既婚者は、生まれ変わっても同じ相手と結婚したい。

----

❹ 既婚者の40パーセントが、生まれ変わっても同じ相手と結婚したい。

----

❺ ある調査によると、既婚者の40パーセントが、生まれ変わっても同じ相手と結婚したいそうだ。

▶ POINT

起こりえないことを「もし〜が…するなら」と仮定する場合は、if＋主語＋ were to ... を使いましょう。

❶ People would like to marry the same partner.

❷ Married people would like to marry the same partner.

❸ Married people would like to marry the same partner if they were to be born again.

❹ Forty percent of married people would like to marry the same partner if they were to be born again.

❺ A survey shows that 40 percent of married people would like to marry the same partner if they were to be born again.

「〜と結婚する」は marry 〜です。
指輪を差し出し、真剣な表情で
Marry me. と言う場合は、
with や to はいりません。

01. A: 京都は今も人気のある観光地ですか？

B: はい、そう思います。国内外から５千万人の旅行客が、毎年、日本の古都京都を訪れますから。

02. A: うちの娘は、どこに行くにもスマートフォンを持ち歩いています。

B: そうですね、ほとんどの若い人たちにとって、スマートフォンなしで生活するのはおそらく難しいと思います。

03. A: あなたは、日本のほとんどの場所をバイクで訪れていますよね？

B: そうでもありません。少なくとも、私が読んだ23歳の学生には及びません。彼は日本の全1741の市町村をバイクで訪れることを成し遂げたんです。それは快挙ですよね。

04. A: 日本への観光客に人気のある呼び物は何ですか？

B: 日本で外国人観光客に人気のある呼び物には、富士山と新幹線と寿司があります。

05. A: 結婚しているカップルの多くは、自分たちの結婚生活を失敗だと言うと思いますか？

B: どうでしょうね。ある調査によると、既婚者の40パーセントが、生まれ変わっても同じ相手と結婚したいそうです。

01. A: Is Kyoto still a popular tourist spot?

　　B: Yes, I think so. Kyoto, the former capital of Japan, attracts 50 million tourists from home and abroad every year.

02. A: My daughter carries around her smartphone wherever she goes.

　　B: Well, I think it would probably be difficult for most young people to live without a smartphone.

03. A: You've visited most places in Japan on a motorbike, haven't you?

　　B: Not really. At least, not compared to a 23-year-old student I read about. He succeeded in visiting all 1,741 municipalities of Japan by motorbike. That's an achievement.

04. A: What are the popular attractions for tourists to Japan?

　　B: Among the popular attractions for foreign tourists in Japan are Mount Fuji, bullet trains and sushi.

05. A: Do you think many married couples would describe their marriages as unsuccessful?

　　B: I don't know. A survey shows that 40 percent of married people would like to marry the same partner if they were to be born again.

日本政府は企業に、新型コロナウイル
ス感染症が蔓延する中、テレワークを
導入するよう強く求めた。

 Tr. 011

❶ 政府は企業に強く求めた。

----

❷ 政府は企業にテレワークを導入するよう強く求めた。

----

❸ 日本政府は企業にテレワークを導入するよう強く求めた。

----

❹ 日本政府は企業に、伝染病が蔓延する中、テレワークを導入するよ
う強く求めた。

----

❺ 日本政府は企業に、新型コロナウイルス感染症が蔓延する中、テレ
ワークを導入するよう強く求めた。

▶POINT

> 「強く求める」には urge が使えます。「テレワークを導入する」は
> adopt teleworking と言い表しましょう。

---

❶ The government has urged companies.

----

❷ The government has urged companies to adopt teleworking.

----

❸ The Japanese government has urged companies to adopt teleworking.

----

❹ The Japanese government has urged companies to adopt teleworking amid the pandemic.

----

❺ The Japanese government has urged companies to adopt teleworking amid the COVID-19 pandemic.

> tele- は「遠い、遠距離の」を意味する
> 接頭辞。「遠隔会議」なら、
> teleconference となります。

その医師は、麻疹にかかる人の数が、この夏日本で、増えるかもしれないと警告した。

🎧 Tr. 012

❶ その医師は警告した。

❷ その医師は人の数が増えるかもしれないと警告した。

❸ その医師は、麻疹にかかる人の数が増えるかもしれないと警告した。

❹ その医師は、麻疹にかかる人の数が日本で増えるかもしれないと警告した。

❺ その医師は、麻疹にかかる人の数が、この夏日本で、増えるかもしれないと警告した。

▶ POINT

「警告する」は warn、「〜かもしれない」は可能性、推量を表す could を使いましょう。また、麻疹は measles です。

❶ The doctor warned.

❷ The doctor warned that the number of people could increase.

❸ The doctor warned that the number of people infected with measles could increase.

❹ The doctor warned that the number of people infected with measles could increase in Japan.

❺ The doctor warned that the number of people infected with measles could increase in Japan this summer.

infect は、「うつす、感染させる」という意味の他動詞です。「〜に感染している」というときは be/get infected with 〜と言います。

08 かつての人気広告キャラクター「トリスおじさん」は、昭和の時代の古き良き日々を思い起こさせる。

❶「トリスおじさん」は（人々に）昭和の時代を思い起こさせる。

❷「トリスおじさん」というキャラクターは、（人々に）昭和の時代を思い起こさせる。

❸「トリスおじさん」というキャラクターは、（人々に）昭和の時代の古き良き日々を思い起こさせる。

❹ 広告キャラクター「トリスおじさん」は、（人々に）昭和の時代の古き良き日々を思い起こさせる。

❺ かつての人気広告キャラクター「トリスおじさん」は、昭和の時代の古き良き日々を思い起こさせる。

▶POINT

> 「思い起こさせる」は、誰に思い起こさせるのかを付け足す必要があ
> りますね。remind people of ～としましょう。

❶ Uncle Torys reminds people of the Showa era.

❷ The character Uncle Torys reminds people of the Showa era.

❸ The character Uncle Torys reminds people of the good old days in the Showa era.

❹ The advertising character Uncle Torys reminds people of the good old days in the Showa era.

❺ The once-popular advertising character Uncle Torys reminds people of the good old days in the Showa era.

「あの歌手の名前を思い出そうとしてる
んだ」というときには remember を
使って、I am trying to remember
the name of that singer.
となります。

09 福井県にネコデラ、つまり猫の寺と呼ばれるお寺があり、そこではたくさんの捨てネコの世話をしている。

 Tr. 014

❶ ネコデラと呼ばれるお寺がある。

❷ ネコデラ、つまり猫の寺と呼ばれるお寺がある。

❸ 福井県にネコデラ、つまり猫の寺と呼ばれるお寺がある。

❹ 福井県にネコデラ、つまり猫の寺と呼ばれるお寺があり、そこではネコの世話をしている。

❺ 福井県にネコデラ、つまり猫の寺と呼ばれるお寺があり、そこではたくさんの捨てネコの世話をしている。

▶ POINT

> 日本語を英文の中で使いたいときは、We eat "mochi" or rice cakesのように、「日本語」＋ or ＋「英語」を使いましょう。

❶ There is a temple called Nekodera.

❷ There is a temple called Nekodera, or cat temple.

❸ There is a temple in Fukui prefecture called Nekodera, or cat temple.

❹ There is a temple in Fukui prefecture called Nekodera, or cat temple, where it takes care of cats.

❺ There is a temple in Fukui prefecture called Nekodera, or cat temple, where it takes care of many abandoned cats.

「捨てネコ」は abandoned cats、
「野良ネコ、迷子のネコ」は stray cats
です。

😊

10 日本人の学者が、カンボジアのアンコールワットの保護と修復に貢献して、国際的な賞を受賞した。

❶ ある学者が賞を受賞した。

❷ 日本人の学者が賞を受賞した。

❸ 日本人の学者が国際的な賞を受賞した。

❹ 日本人の学者が、アンコールワット（Angkor Wat）の修復（restore）に貢献して国際的な賞を受賞した。

❺ 日本人の学者が、アンコールワットの保護（protect）と修復に貢献して国際的な賞を受賞した。

❻ 日本人の学者が、カンボジアのアンコールワットの保護と修復に貢献して、国際的な賞を受賞した。

▶ **POINT**

> 「〜の行為に対して賞を受賞する」はreceive an award for〜の形
> を取ります。

❶ A scholar received an award.

❷ A Japanese scholar received an award.

❸ A Japanese scholar received an international award.

❹ A Japanese scholar received an international award for helping restore Angkor Wat.

❺ A Japanese scholar received an international award for helping protect and restore Angkor Wat.

❻ A Japanese scholar received an international award for helping protect and restore Angkor Wat, in Cambodia.

wat はタイ、カンボジア、ラオスで
「仏教寺院」を意味する言葉です。

06. A: あなたの会社はテレワークを推進していますか？

　　B: そうでもありません。日本政府が企業に、新型コロナウイルス感染症が蔓延する中、テレワークを導入するよう強く求めたことがきっかけで、許可し始めたに過ぎません。

---

07. A: 麻疹のワクチン接種を受けるのですか？

　　B: ええ。主治医に、麻疹にかかる人の数が、この夏日本で、増えるかもしれないと警告されたので。

---

08. A: このポスターのグラスを持つ男性は、人気アニメのキャラクターですか？

　　B: かつての人気広告キャラクター「トリスおじさん」です。最近では、昭和の時代の古き良き日々を思い起こさせてくれます。

---

09. A: 休暇はどこに行きたいですか？

　　B: ご存じの通り、私は大の猫好きです。福井県にネコデラ、つまり猫の寺というお寺があって、そこではたくさんの捨てネコの世話をしています。いつか行ってみたいものです。

---

10. A: 最近、カンボジアでの貢献で、日本人が国際的な賞を受賞したそうですね。

　　B: はい。日本人の学者が、アンコールワットの保護と修復に貢献して、国際的な賞を受賞しました。

06. **A:** Is your company promoting teleworking?

B: Not really. They only started allowing it because the Japanese government urged companies to adopt teleworking amid the COVID-19 pandemic.

07. **A:** Are you going to get a measles vaccination?

B: Yes. My doctor warned that the number of people infected with measles could increase in Japan this summer.

08. **A:** Is the man holding a glass on this poster a popular anime character?

B: It is the once-popular advertising character Uncle Torys. These days, it reminds people of the good old days in the Showa era.

09. **A:** Where do you want to go during your vacation?

B: As you know, I'm a great cat lover. There is a temple in Fukui prefecture called Nekodera, or cat temple, where it takes care of many abandoned cats. I want to go there someday.

10. **A:** I heard that a Japanese citizen received an international award recently for their contribution in Cambodia.

B: Yes. A Japanese scholar received an international award for helping protect and restore Angkor Wat.

11 東京都心での即位パレードのために、2万6千人の警察官が動員され、厳重な警備対策が取られた。

 Tr. 021

❶ パレードのために警備対策が取られた。

❷ パレードのために厳重な警備対策が取られた。

❸ 東京でのパレードのために厳重な警備対策が取られた。

❹ 東京都心での即位パレードのために、厳重な警備対策が取られた。

❺ 東京都心での即位パレードのために2万6千人の警察官が動員され、厳重な警備対策が取られた。

▶**POINT**

「警備対策が取られた」を核に英作文しましょう。「〜が動員され」の部分は、付帯的状況を表す with 〜を使います。

❶ Security measures were taken for the parade.

❷ **Tight** security measures were taken for the parade.

❸ Tight security measures were taken for the parade **in Tokyo**.

❹ Tight security measures were taken for the **enthronement** parade in **central** Tokyo.

❺ Tight security measures were taken for the enthronement parade in central Tokyo, **with 26,000 police officers mobilized**.

文中の with 〜は、26,000 police officers were mobilized. となるところを with ＋名詞＋過去分詞で済ませています。

12 医療用大麻の位置づけに関する新たな法律が、9月までに制定される見込みだ。

 Tr. 022

❶ 新たな法律が見込まれている。

❷ 大麻に関する新たな法律が見込まれている。

❸ 大麻の位置づけに関する新たな法律が見込まれている。

❹ 医療用大麻の位置づけに関する新たな法律が見込まれている。

❺ 医療用大麻の位置づけに関する新たな法律が制定される見込みだ。

❻ 医療用大麻の位置づけに関する新たな法律が、9月までに制定される見込みだ。

▶ POINT

位置づけとは「法律上の地位や状態」を表す status を使います。法律が「制定される」は、be enacted と言います。

❶ New legislation is expected.

❷ New legislation on marijuana is expected.

❸ New legislation on the status of marijuana is expected.

❹ New legislation on the status of medical marijuana is expected.

❺ New legislation on the status of medical marijuana is expected to be enacted.

❻ New legislation on the status of medical marijuana is expected to be enacted before September.

法律は「制定され（be enacted）」、
「公布され（be promulgated）」、
「施行され（be enforced）」ます。
覚えておきましょう。

13 多くの言語で書かれているので、その災害緊急情報は、たいていの海外からの訪問者にとって役に立つはずだ。

 Tr. 023

❶ その情報は役に立つはずだ。

❷ その災害緊急情報は役に立つはずだ。

❸ 多くの言語で書かれているので、その災害緊急情報は役に立つはずだ。

❹ 多くの言語で書かれているので、その災害緊急情報は、海外からの訪問者にとって役に立つはずだ。

❺ 多くの言語で書かれているので、その災害緊急情報は、たいていの海外からの訪問者にとって役に立つはずだ。

▶POINT

「情報は役に立つはずだ」の部分を核にしましょう。「書かれているので」は、分詞構文を使います。

❶ The information should be useful.

❷ The disaster emergency information should be useful.

❸ Written in many languages, the disaster emergency information should be useful.

❹ Written in many languages, the disaster emergency information should be useful to overseas visitors.

❺ Written in many languages, the disaster emergency information should be useful to most overseas visitors.

過去分詞 Written に、The disaster emergency ～ visitors because the information is written in many languages. の下線部の意味を託せます。

14 高齢化社会に対応するために、自動運転輸送システムの開発と実現を推進することは、日本にとって急務だ。

 Tr. 024

❶ それは急務だ。

❷ それは日本にとって急務だ。

❸ 輸送システムを推進することは、日本にとって急務だ。

❹ 輸送システムの開発と実現 (implementation) を推進することは日本にとって急務だ。

❺ 自動 (autonomous) 運転輸送システムの開発と実現を推進することは、日本にとって急務だ。

❻ 高齢化社会 (aging society) に対応するために、自動運転輸送システムの開発と実現を推進することは、日本にとって急務だ。

▶ POINT

「AにとってBすることは急務だ」は It's an urgent task for A to B を使って表現しましょう。

---

❶ It's an urgent task.

---

❷ It's an urgent task for Japan.

---

❸ It's an urgent task for Japan to promote a transportation system.

---

❹ It's an urgent task for Japan to promote the development and implementation of a transportation system.

---

❺ It's an urgent task for Japan to promote the development and implementation of an autonomous transportation system.

---

❻ It's an urgent task for Japan to promote the development and implementation of an autonomous transportation system to cope with its aging society.

「困難な状況をうまく処理する」
と言うときは、
cope with ～ がぴったりです。

15 東京の「フラワーデモ」集会の数百人の参加者は、性暴力被害者が心に傷が残る自らの体験について話すのを聞いた。

 Tr. 025

❶ 参加者は聞いた。

❷ 参加者は、被害者が話すのを聞いた。

❸ 参加者は、性暴力 (sexual violence) 被害者が話すのを聞いた。

❹ 集会の数百人の参加者は、性暴力被害者が話すのを聞いた。

❺ 東京の「フラワーデモ」集会の数百人の参加者は、性暴力被害者が話すのを聞いた。

❻ 東京の「フラワーデモ」集会の数百人の参加者は、性暴力被害者が心に傷が残る (traumatic) 自らの体験について話すのを聞いた。

▶ POINT

「〜（人）が〜するのを聞く」は、listen to ＋人＋動詞原形。これを
ベースに、組み立てましょう。

❶ Participants listened.

❷ Participants listened to victims speak.

❸ Participants listened to sexual violence victims speak.

❹ Hundreds of participants at the gathering listened to
sexual violence victims speak.

❺ Hundreds of participants at the Flower Demo gathering
in Tokyo listened to sexual violence victims speak.

❻ Hundreds of participants at the Flower Demo gathering in
Tokyo listened to sexual violence victims speak about
their traumatic experiences.

victims speakingと言うと、きちんと
最後まで聞かなかった様子を
感じさせてしまいます。

11. A: 新しい天皇皇后がオープンカーでパレードを行ったのには驚きませんでしたか？

　　B: 驚きはしませんでした。東京都心での即位パレードのために、2万6千人の警察官が動員され、厳重な警備対策が取られましたから。

---

12. A: 医療用大麻に対し、日本政府はどのような姿勢をとっていますか？

　　B: 医療用大麻の位置づけに関する新たな法律が、9月までに制定される見込みです。

---

13. A: ホテルが大地震に見舞われた場合、海外からのお客さまを避難させるためにどのような対策が用意されていますか？

　　B: この災害緊急用リーフレットを全客室に置いています。多くの言語で書かれているので、その情報はたいていの海外からの訪問者にとって役に立つはずです。

---

14. A: 日本の交通システムをどうすべきだと思いますか？

　　B: 高齢化社会に対応するために、自動運転輸送システムの開発と実現を推進することは、日本にとって急務です。

---

15. A:「フラワーデモ」の集まりは成功しましたか？

　　B: はい。東京の「フラワーデモ」集会の数百人の参加者は、性暴力被害者が心に傷が残る自らの体験について話すのを聞きました。

11. A: Weren't you surprised to see the new imperial couple parading down the street in an open convertible?
  B: I was't surprised. Tight security measures were taken for the enthronement parade in central Tokyo, with 26,000 police officers mobilized.

12. A: What is the Japanese government's attitude toward medical marijuana?
  B: New legislation on the status of medical marijuana is expected to be enacted before September.

13. A: What measures do you have in place to evacuate guests from overseas if the hotel is hit by a massive earthquake?
  B: We have this disaster emergency leaflet in every guest room. Written in many languages, the information should be useful to most overseas visitors.

14. A: What do you think we should do about the transportation system in Japan?
  B: It's an urgent task for Japan to promote the development and implementation of an autonomous transportation system to cope with its aging society.

15. A: Was the Flower Demo gathering successful?
  B: Yes. Hundreds of participants at the Flower Demo gathering in Tokyo listened to sexual violence victims speak about their traumatic experiences.

第 二 章

環境・自然

TOKYO

この章では、以下のような単語やフレーズが出てきます。
学習の前に目を通しておきましょう。

- [ ] 温室効果ガス：greenhouse gas
- [ ] 埋め立てる：reclaim
- [ ] 高度経済成長期：high economic growth period
- [ ] 早咲きの桜：early blooming cherry blossoms
- [ ] 隕石：meteorites
- [ ] 雨水貯留施設：rainwater storage facility
- [ ] ドングリ：acorns
- [ ] 生息地：habitat

16 名古屋ではこの冬、平年より52日遅い
初雪が降った。

 Tr. 031

❶ この冬、雪が降った。

❷ 名古屋ではこの冬、雪が降った。

❸ 名古屋ではこの冬、初雪が降った。

❹ 名古屋ではこの冬、平年より遅い初雪が降った。

❺ 名古屋ではこの冬、平年より52日遅い初雪が降った。

▶**POINT**

「Aより、（時間）だけ遅れて」は、〜（時間）＋ later than A を使いましょう。

---

❶ Snow fell this winter.

❷ Snow fell in Nagoya this winter.

❸ The first snow fell in Nagoya this winter.

❹ The first snow fell later than the average year in Nagoya this winter.

❺ The first snow fell 52 days later than the average year in Nagoya this winter.

この文は、
Nagoya had its first snow ...
（名古屋に初雪が降ったのは）で
始めることもできます。

17 秋の東京を訪れる最も良い時期は、木の葉が赤や黄色に色づく11月下旬にやってくる。

❶ 秋は11月下旬にやってくる。

❷ 秋の最も良い時期は11月下旬にやってくる。

❸ 秋の東京を訪れる最も良い時期は、11月下旬にやってくる。

❹ 秋の東京を訪れる最も良い時期は、木の葉が赤く色づく11月下旬にやってくる。

❺ 秋の東京を訪れる最も良い時期は、木の葉が赤や黄色に色づく11月下旬にやってくる。

▶ POINT

> 「秋の最も良い時期」は the best part of fall で表します。「〜に色づく」は turn 〜（〜に変わる）を使いましょう。

❶ Fall comes in late November.

❷ The best part of fall comes in late November.

❸ The best part of fall for visiting Tokyo comes in late November.

❹ The best part of fall for visiting Tokyo comes in late November, when the leaves are turning red.

❺ The best part of fall for visiting Tokyo comes in late November, when the leaves are turning red and yellow.

第2章 環境・自然

関係副詞 when を使った文のつなぎ方に慣れましょう。
「私は1952年4月生まれだ」＋
「（その時）サンフランシスコ講和条約が発効した」は、I was born in April 1952, when the San Francisco Peace Treaty came into effect. です。

18 悲しいことに、その台風で、90人ほどの人が東日本の広い範囲で亡くなった。

 Tr. 033

❶ 90人ほどの人が亡くなった。

❷ 悲しいことに、90人ほどの人が亡くなった。

❸ 悲しいことに、90人ほどの人が広い範囲で亡くなった。

❹ 悲しいことに、90人ほどの人が東日本の広い範囲で亡くなった。

❺ 悲しいことに、その台風で、90人ほどの人が東日本の広い範囲で
亡くなった。

▸ POINT

「～で亡くなった」は be killed by ～を使いましょう。「広い地域の至るところで」という意味を込めて、across で表現します。

---

❶ Some 90 people were killed.

· ·

❷ Sadly, some 90 people were killed.

· ·

❸ Sadly, some 90 people were killed across a wide area.

· ·

❹ Sadly, some 90 people were killed across a wide area of Eastern Japan.

· ·

❺ Sadly, some 90 people were killed across a wide area of Eastern Japan by the typhoon.

「不幸なことに」は Unfortunately,
「幸いにも」は Fortunately,
「幸運なことに」は Luckily, などが
文頭によく使われます。

19 会議での議論の焦点は、いかに温室効果ガスの排出を削減するかだった。

 Tr. 034

❶ 排出を削減する。

．．．

❷ 温室効果ガス（greenhouse gas）の排出を削減する。

．．．

❸ 焦点は、いかに温室効果ガスの排出を削減するかだった。

．．．

❹ 議論の焦点は、いかに温室効果ガスの排出を削減するかだった。

．．．

❺ 会議での議論の焦点は、いかに温室効果ガスの排出を削減するかだった。

▶ POINT

「焦点は〜だった」は The focus was on 〜（名詞節）で考えてみ
ましょう。「削減する」は reduce を使います。

❶ Reduce emissions.

❷ Reduce greenhouse gas emissions.

❸ The focus was on how to reduce greenhouse gas
emissions.

❹ The focus of discussion was on how to reduce
greenhouse gas emissions.

❺ The focus of discussion in the meeting was on how to
reduce greenhouse gas emissions.

「温室効果ガス排出規制」は
greenhouse gas emission control。
形容詞的に使う時は emission に s を
付けません。CO2（carbon-dioxide）排出
なども同じなので、
覚えておきましょう。

20 高度経済成長期以降、日本では、かなりの数の浜辺が埋め立てられ、生態系を損なっている。

❶ 浜辺が埋め立てられて（reclaimed）いる。

❷ かなりの数の浜辺が埋め立てられている。

❸ 日本では、かなりの数の浜辺が埋め立てられている。

❹ 高度経済成長期（the high economic growth period）以降、日本では、かなりの数の浜辺が埋め立てられている。

❺ 高度経済成長期以降、日本では、かなりの数の浜辺が埋め立てられ、生態系（ecosystems）を損なっている。

▶ **POINT**

① 「浜辺が埋め立てられた」→それが→② 「生態系を損なっている」
と2つの文になりそうですが、分詞構文を使って1文で言いましょう。

---

❶ Beaches have been reclaimed.

---

❷ **Quite a few** beaches have been reclaimed.

---

❸ Quite a few beaches have been reclaimed **in Japan**.

---

❹ Quite a few beaches have been reclaimed in Japan **since the high economic growth period**.

---

❺ Quite a few beaches have been reclaimed in Japan since the high economic growth period, **damaging ecosystems**.

文の前半の内容を which で表して
... , which has been damaging
ecosystems と
言うこともできます。

16. A: 今年の冬は、かなり暖かくて短かったですよね。
　　B: ええ、名古屋ではこの冬、平年より52日遅い初雪が降ったらしいですよ。

---

17. A: 秋の東京観光にいちばん良いのはいつですか？
　　B: 秋の東京を訪れる最も良い時期は、木の葉が赤や黄色に色づく11月下旬にやってきます。

---

18. A: 先月の台風で影響はありましたか？　ご家族の皆さんのご無事を願っています。
　　B: ありがとうございます、はい、みんな無事でした。でも悲しいことに、90人ほどの人が東日本の広い範囲で亡くなりました。

---

19. A: 昨日の会議では何が話し合われたのですか？
　　B: 議論の焦点は、いかに温室効果ガスの排出を削減するかでした。

---

20. A: 昔は浜辺へ潮干狩りに出かけたものでした。
　　B: ええ、でも、今は違います。高度経済成長期以降、日本では、かなりの数の浜辺が埋め立てられ、生態系を損なっています。

16. A: We had quite a warm and short winter this year, didn't we?

　　B: Yes, apparently the first snow fell 52 days later than the average year in Nagoya this winter.

17. A: When is the best time to visit Tokyo in the fall?

　　B: The best part of fall for visiting Tokyo comes in late November, when the leaves are turning red and yellow.

18. A: Were you affected by the typhoon last month? I hope all your family were fine.

　　B: Thank you, yes, we were all fine. But sadly, some 90 people were killed across a wide area of Eastern Japan.

19. A: What did they discuss in the meeting yesterday?

　　B: The focus of discussion was on how to reduce greenhouse gas emissions.

20. A: People used to go clam digging on the beach in the past.

　　B: Yes, but not anymore. Quite a few beaches have been reclaimed in Japan since the high economic growth period, damaging ecosystems.

21 多くの観光客が、静岡県の河津川沿い
の早咲きの桜を見て楽しんだ。

🎧 Tr. 041

❶ 観光客は、桜を楽しんだ。

❷ 多くの観光客が、桜を楽しんだ。

❸ 多くの観光客が、桜を見て楽しんだ。

❹ 多くの観光客が、河津川沿いの桜を見て楽しんだ。

❺ 多くの観光客が、河津川沿いの早咲きの桜を見て楽しんだ。

❻ 多くの観光客が、静岡県の河津川沿いの早咲きの桜を見て楽しん
だ。

▶**POINT**

> enjoyの次は、名詞か動名詞が来ることに注意。「見る」はview、「早咲きの桜」はearly blooming cherry blossomsです。

❶ Tourists enjoyed the cherry blossoms.

❷ Many tourists enjoyed the cherry blossoms.

❸ Many tourists enjoyed viewing the cherry blossoms.

❹ Many tourists enjoyed viewing the cherry blossoms along the Kawazu River.

❺ Many tourists enjoyed viewing the early blooming cherry blossoms along the Kawazu River.

❻ Many tourists enjoyed viewing the early blooming cherry blossoms along the Kawazu River in Shizuoka prefecture.

> 川の名前は普通 the が必要ですが、湖は不要です。琵琶湖は Lake Biwa、淀川は the Yodo River、大阪湾は Osaka Bay、太平洋は the Pacific Ocean となります。

22 マイクロプラスチックは、プラスチックごみが5ミリ以下に細かく砕けて生まれる。

 Tr. 042

❶ マイクロプラスチックが生まれる (created)。
....
❷ マイクロプラスチックは、ごみ (waste) が砕けて生まれる。
....
❸ マイクロプラスチックは、プラスチックごみが砕けて生まれる。
....
❹ マイクロプラスチックは、プラスチックごみが細かく砕けて生まれる。
....
❺ マイクロプラスチックは、プラスチックごみが5ミリ以下に細かく砕けて生まれる。

▶ POINT

核となるのは「マイクロプラスチック (microplastics) は生まれる」です。「砕けて」=「砕けた時に」と考え、when で表しましょう。

❶ Microplastics are created.

❷ Microplastics are created when waste breaks down.

❸ Microplastics are created when plastic waste breaks down.

❹ Microplastics are created when plastic waste breaks down into pieces.

❺ Microplastics are created when plastic waste breaks down into pieces smaller than 5 millimeters.

plastic waste は、単数扱いをする
集合名詞です。

第2章

環境・自然

23 この2つの石は表面に溶けた跡がある
ので、隕石だと思われる。

 Tr. 043

❶ この石は隕石 (meteorites) だ。

❷ この石は隕石だと思われる。

❸ この2つの石は隕石だと思われる。

❹ この2つの石は溶けた跡があるので、隕石だと思われる。

❺ この2つの石は表面に溶けた跡があるので、隕石だと思われる。

▶ POINT

because there are ～を使って、しっかり理由を説明しましょう。
「～だと思われる」は、believed to be ～で表します。

❶ The stones are meteorites.

❷ The stones are believed to be meteorites.

❸ The two stones are believed to be meteorites.

❹ The two stones are believed to be meteorites because there are signs of melting.

❺ The two stones are believed to be meteorites because there are signs of melting on their surface.

> think と believe の違いは、think は
> 単なる意見で、believe はそれが正しい／
> 真実だという場合に使うということです。
> I think sushi is delicious. とは
> 言いますが、味覚に正誤はないので
> I believe sushi is delicious. とは
> 言いません。

24 どんな洪水被害も防げるよう、東京の
渋谷駅の地下に新しい雨水貯留施設が
完成した。

 Tr. 044

❶ 施設が完成した。

❷ 新しい貯留施設が完成した。

❸ 新しい雨水貯留施設が完成した。

❹ 駅の地下に新しい雨水貯留施設が完成した。

❺ 東京の渋谷駅の地下に新しい雨水貯留施設が完成した。

❻ どんな洪水被害（flood damage）も防げるよう、東京の渋谷駅の
地下に新しい雨水貯留施設が完成した。

▶ POINT

「雨水貯留施設」の rainwater storage facility を主語に、受動態で表しましょう。「〜の地下に」は、「〜の真下に」の beneath で。

❶ A facility has been completed.

❷ A new storage facility has been completed.

❸ A new rainwater storage facility has been completed.

❹ A new rainwater storage facility has been completed beneath the station.

❺ A new rainwater storage facility has been completed beneath Tokyo's Shibuya Station.

❻ A new rainwater storage facility has been completed beneath Tokyo's Shibuya Station to avoid any flood damage.

beneath の代わりに under も使えます。また avoid は「〜を避ける」の他に、「〜を未然に防ぐ」という意味でも使われます。

25 専門家によれば、クマの食料となるドングリなどの食べ物が、生息地に少ないそうだ。

 Tr. 045

❶ ドングリ (acorns) が少ない。

❷ ドングリなどの食べ物が少ない。

❸ 専門家によれば、ドングリなどの食べ物が少ないそうだ。

❹ 専門家によれば、食料 (diet) となるドングリなどの食べ物が少ないそうだ。

❺ 専門家によれば、クマの食料となるドングリなどの食べ物が少ないそうだ。

❻ 専門家によれば、クマの食料となるドングリなどの食べ物が、生息地に少ないそうだ。

▶POINT

「クマの食料になるもの＝クマの食料を構成している食べ物」と考えます。「生息地」にはhabitatを使いましょう。

---

❶ Acorns are scarce.

......

❷ Acorns and other foods are scarce.

......

❸ Experts say that acorns and other foods are scarce.

......

❹ Experts say that acorns and other foods that make up the diet are scarce.

......

❺ Experts say that acorns and other foods that make up the bears' diet are scarce.

......

❻ Experts say that acorns and other foods that make up the bears' diet are scarce in their habitat.

---

habitation は「居住、住宅」という意味です。
「この谷は人が暮らすのに適さない」は
This valley is not fit for human habitation. と言います。

Review ここまでの復習

 Tr. 046-050

21. A: 静岡には、早春の観光の呼び物はありますか？
B: はい、早咲きの桜があります。たくさんの観光客が河津川沿いで
その桜を見て楽しみます。

22. A: マイクロプラスチックは、新しい建築用材として開発されたので
すか？
B: いいえ。マイクロプラスチックとは、プラスチックごみが5ミリ
以下に細かく砕けて生まれます。

23. A: あれらの石は、何がそんなに特別なのですか？
B: これらは表面に溶けた跡があるので、隕石だと思われます。

24. A: 大雨が降ると、渋谷駅はすぐに浸水してしまうそうですね。
B: ええ、でも心配は要りません。どんな洪水被害も防げるよう、最
近、駅の地下に新しい雨水貯留施設が完成しましたから。

25. A: 最近、町の真ん中にクマが出没するようになったのはなぜです
か？
B: 専門家によれば、クマの食料となるドングリなどの食べ物が、生
息地に少ないからだそうです。

日本語を見ながら①**A**を聞き→②ポーズで学んだ英文を使って答え→
③模範例文**B**を聞き→④もう一度、英文を繰り返します。次に何も見ずに
①～④をやってみます。うまく言えない場合は本編に戻りましょう。

21. **A:** Are there any tourist attractions in early spring in
   Shizuoka?

   B: Yes, we have early blooming cherry blossoms. Many
   tourists enjoy viewing them along the Kawazu River.

22. **A:** Have microplastics been developed as a new material for
   building construction?

   B: No. Microplastics are created when plastic waste
   breaks down into pieces smaller than 5 millimeters.

23. **A:** What is so special about those stones?

   B: They're believed to be meteorites because there are
   signs of melting on their surface.

24. **A:** I heard Shibuya Station floods quite easily when we have
   heavy rains.

   B: Yes, but there's nothing to worry about. A new rainwater
   storage facility has recently been completed beneath
   the station to avoid any flood damage.

25. **A:** Why have bears started to appear in the middle of town
   recently?

   B: Experts say it's because acorns and other foods that
   make up the bears' diet are scarce in their habitat.

第三章

社会一般・生活／海外

November
Tuesday
Every 4 years

VOTE
★ election ★

この章では、以下のような単語やフレーズが出てきます。
学習の前に目を通しておきましょう。

- ☐ 銃器：firearms
- ☐ 宇宙船：spaceship
- ☐ 人種差別：racism
- ☐ C型肝炎ウイルス：hepatitis C virus
- ☐ 祝う：commemorate
- ☐ 銀河：galaxy
- ☐ 企業：enterprises
- ☐ 原爆被爆者：A-bomb survivors

26 アムネスティ・インターナショナルは、イギリスのロンドンに本部を置く、活動的な人権団体である。

 Tr. 051

❶ アムネスティ・インターナショナルは団体である。

❷ アムネスティ・インターナショナルは、人権団体である。

❸ アムネスティ・インターナショナルは、活動的な人権団体である。

❹ アムネスティ・インターナショナルは、ロンドンに本部を置く、活動的な人権団体である。

❺ アムネスティ・インターナショナルは、イギリスのロンドンに本部を置く、活動的な人権団体である。

▶ POINT

「人権団体」は human rights group、「ロンドンに本部を置く」は
付帯的な状況を表す with ～を使いましょう。

❶ Amnesty International is a group.

❷ Amnesty International is a human rights group.

❸ Amnesty International is an active human rights group.

❹ Amnesty International is an active human rights group
with its headquarters in London.

❺ Amnesty International is an active human rights group
with its headquarters in London, England.

> headquarters は単数扱いされたり
> 複数扱いされたりします。たとえば
> The IMF headquarters is located
> in Washington, D.C.（IMF の本部は
> ワシントン DC にある）の is は、
> are としても OK です。

27 銃に反対する団体はアメリカ政府に、一般市民の銃器入手を厳しく制限するよう強く求めた。

 Tr. 052

❶ 団体は、アメリカ政府に強く求めた。

❷ 銃に反対する団体はアメリカ政府に、強く求めた。

❸ 銃に反対する団体はアメリカ政府に、入手を制限するよう強く求めた。

❹ 銃に反対する団体はアメリカ政府に、一般市民の入手を厳しく制限するよう強く求めた。

❺ 銃に反対する団体はアメリカ政府に、一般市民の銃器入手を厳しく制限するよう強く求めた。

▶POINT

> 文の核となるのは、「AにBするよう強く求める」です。urge A to
> B（動詞原形）を使ってみましょう。

❶ Groups urged the U.S. government.

❷ Anti-gun groups urged the U.S. government.

❸ Anti-gun groups urged the U.S. government to limit
access.

❹ Anti-gun groups urged the U.S. government to strictly
limit civilian access.

❺ Anti-gun groups urged the U.S. government to strictly
limit civilian access to firearms.

銃を支持する団体（pro-gun group）も
あります。National Rifle Association
（NRA）が有名です。
「〜に反対して」の意味の anti- は、
［ǽnti］、［ǽntàɪ］という2つの読み方が
あります。

28 スペースX社のクルー・ドラゴンは、人類を宇宙に運んだ初の民間の宇宙船になった。

 Tr. 053

❶ クルー・ドラゴンは、初の宇宙船（spaceship）になった。

❷ クルー・ドラゴンは、初の民間の（private）宇宙船になった。

❸ スペースX社のクルー・ドラゴンは、初の民間の宇宙船になった。

❹ スペースX社のクルー・ドラゴンは、人類を運んだ初の民間の宇宙船になった。

❺ スペースX社のクルー・ドラゴンは、人類を宇宙に運んだ初の民間の宇宙船になった。

▶POINT

「Aした初めてのBとなった」は become the first B to A（動詞原形）を使います。

---

❶ Crew Dragon has become the first spaceship.

....

❷ Crew Dragon has become the first private spaceship.

....

❸ SpaceX's Crew Dragon has become the first private spaceship.

....

❹ SpaceX's Crew Dragon has become the first private spaceship to carry humans.

....

❺ SpaceX's Crew Dragon has become the first private spaceship to carry humans into space.

NASA による space shuttle program
（1981〜2011年）を、
SpaceX 社が引き継ぎました。
「宇宙船」は spacecraft とも
言います。

29 日曜日、大勢の人々が全米の大都市で人種差別に抗議して行進した。

❶ 人々が行進した。

❷ 人々が大都市 (major cities) で行進した。

❸ 大勢の人々が大都市で行進した。

❹ 大勢の人々が全米の大都市で行進した。

❺ 日曜日、大勢の人々が全米の大都市で行進した。

❻ 日曜日、大勢の人々が全米の大都市で人種差別 (racism) に抗議して行進した。

▶ **POINT**

A great number of peopleで文を始めましょう。「抗議して」は
protesting 〜と分詞構文にするとスッキリします。

❶ People marched.

❷ People marched in major cities.

❸ A great number of people marched in major cities.

❹ A great number of people marched in major cities throughout the United States.

❺ A great number of people marched in major cities throughout the United States on Sunday.

❻ A great number of people marched in major cities throughout the United States on Sunday, protesting against racism.

第3章 社会一般・生活／海外

many よりもっと「たくさんの」を意味する
場合は、a great number of、a large
number of、an incredible number of
などを使います。

30 アメリカの大統領選挙は4年ごとに、11月の第一月曜日の後の、火曜日に行われる。

 Tr. 055

❶ 選挙は4年ごとに行われる。

❷ アメリカの大統領選挙は4年ごとに行われる。

❸ アメリカの大統領選挙は4年ごとに、火曜日に行われる。

❹ アメリカの大統領選挙は4年ごとに、11月の火曜日に行われる。

❺ アメリカの大統領選挙は4年ごとに、11月の第一月曜日の後の、火曜日に行われる。

▶ POINT

「行われる」は take place、「4年ごとに」は every four years を使います。時間に関する表現の並び方にも注意しましょう。

❶ The election takes place every four years.

❷ The U.S. presidential election takes place every four years.

❸ The U.S. presidential election takes place every four years on a Tuesday.

❹ The U.S. presidential election takes place every four years on a Tuesday in November.

❺ The U.S. presidential election takes place every four years on a Tuesday after the first Monday in November.

アメリカ大統領選挙の
予備選挙・党員集会が数多く行われる
2月から3月初旬の火曜日は、
Super Tuesday と呼びます。

26. A: アムネスティ・インターナショナルとは、どのような団体ですか？

　　B: アムネスティ・インターナショナルは、イギリスのロンドンに本部を置く、活動的な人権団体です。

---

27. A: 学校での銃乱射事件を受けて、銃に反対する団体はどのような反応を示したのでしょうか？

　　B: いつものように、銃に反対する団体はアメリカ政府に、一般市民の銃器入手を厳しく制限するよう強く求めました。

---

28. A: スペースＸ社は、宇宙船の打ち上げに成功したのですか？

　　B: はい。スペースＸ社のクルー・ドラゴンは、人類を宇宙に運んだ初の民間の宇宙船になりました。

---

29. A: アジア系差別や黒人差別事件がたくさん報告されています。人種差別は終わりそうにありませんね。

　　B: そうは思いません。倫理感の強い人はたくさんいますから。日曜日、大勢の人々が全米の大都市で人種差別に抗議して行進しましたよ。

---

30. A: アメリカの大統領選挙で使われているシステムが理解できないのですが。

　　B: そう、複雑なんですよ。覚えておくべき大切なことは、アメリカの大統領選挙は4年ごとに、11月の第一月曜日の後の、火曜日に行われるということです。

26. A: What kind of organization is Amnesty International?
   B: Amnesty International is an active human rights group with its headquarters in London, England.

27. A: How did anti-gun groups react to the mass school shooting?
   B: As usual, anti-gun groups urged the U.S. government to strictly limit civilian access to firearms.

28. A: Did SpaceX succeed in launching a spaceship?
   B: Yes. SpaceX's Crew Dragon became the first private spaceship to carry humans into space.

29. A: Many anti-Asian and anti-Black hate crimes have been reported. I am afraid racism will never end.
   B: I don't agree. There are many people who have a strong sense of ethics. A great number of people marched in major cities throughout the United States on Sunday, protesting against racism.

30. A: I don't understand the system they use for the U.S. presidential election.
   B: Yes, it's complicated. The important thing to remember is that the U.S. presidential election takes place every four years on a Tuesday after the first Monday in November.

第3章 社会一般・生活／海外

C型肝炎ウイルスの発見により、3人の科学者たちが共同でノーベル医学賞を受賞した。

❶ 科学者たちが賞を受賞した。

❷ 科学者たちが共同で賞を受賞した。

❸ 3人の科学者たちが共同で賞を受賞した。

❹ その発見により、3人の科学者たちが共同で賞を受賞した。

❺ その発見により、3人の科学者たちが共同でノーベル医学賞 (Nobel Prize in medicine) を受賞した。

❻ C型肝炎ウイルス (the hepatitis C virus) の発見により、3人の科学者たちが共同でノーベル医学賞を受賞した。

▶ POINT

「3人の科学者」を主語に、動詞 award を使って受動態にしましょう。「共同で」は jointly を使いましょう。

❶ Scientists were awarded the prize.

❷ Scientists were jointly awarded the prize.

❸ Three scientists were jointly awarded the prize.

❹ Three scientists were jointly awarded the prize for the discovery.

❺ Three scientists were jointly awarded the Nobel Prize in medicine for the discovery.

❻ Three scientists were jointly awarded the Nobel Prize in medicine for the discovery of the hepatitis C virus.

「肝炎」を意味する hepatitis は〔hèpətáɪtəs〕と発音します。ノーベル医学賞は、正式には the Nobel Prize in physiology or medicine（ノーベル医学生理学賞）です。in ～ で分野を表します。

32 2019年、ドイツは、冷戦の象徴だった
ベルリンの壁崩壊の30周年を祝った。

 Tr. 062

❶ ドイツは、ベルリンの壁崩壊を祝った。

❷ ドイツは、ベルリンの壁崩壊の記念日を祝った。

❸ ドイツは、ベルリンの壁崩壊の30周年を祝った。

❹ ドイツは、象徴だったベルリンの壁崩壊の30周年を祝った。

❺ ドイツは、冷戦の象徴だったベルリンの壁崩壊の30周年を祝った。

❻2019年、ドイツは、冷戦の象徴だったベルリンの壁崩壊の30周年
を祝った。

▶ POINT

「祝う」は動詞 commemorate を使います。「象徴だった」は「象徴としての役割を果たした」と考え served as 〜とします。

❶ Germany commemorated the fall of the Berlin Wall.

❷ Germany commemorated the anniversary of the fall of the Berlin Wall.

❸ Germany commemorated the 30th anniversary of the fall of the Berlin Wall.

❹ Germany commemorated the 30th anniversary of the fall of the Berlin Wall, which had served as a symbol.

❺ Germany commemorated the 30th anniversary of the fall of the Berlin Wall, which had served as a symbol of the Cold War.

❻ In 2019, Germany commemorated the 30th anniversary of the fall of the Berlin Wall, which had served as a symbol of the Cold War.

「祝う」は celebrate、または commemorate。「記念する」という意味が強い場合は commemorate を使います。

33 国際的な科学者チームが、地球から5500万光年の銀河の中心にあるブラックホールの史上初の画像を捉えた。

 Tr. 063

❶ チームがブラックホールの画像を捉えた。

❷ 科学者のチームがブラックホールの画像を捉えた。

❸ 国際的な科学者チームがブラックホールの画像を捉えた。

❹ 国際的な科学者チームが、ブラックホールの史上初の画像を捉えた。

❺ 国際的な科学者チームが、銀河の中心にあるブラックホールの史上初の画像を捉えた。

❻ 国際的な科学者チームが、地球から5500万光年 (light-year) の銀河の中心にあるブラックホールの史上初の画像を捉えた。

▶ POINT

「ブラックホールの史上初の画像を捉えた」を文の核にし、関係代名詞でブラックホールを説明しましょう。

❶ A team has captured the image of a black hole.

❷ A team of scientists has captured the image of a black hole.

❸ An international team of scientists has captured the image of a black hole.

❹ An international team of scientists has captured the first-ever image of a black hole.

❺ An international team of scientists has captured the first-ever image of a black hole that lies at the center of a galaxy.

❻ An international team of scientists has captured the first-ever image of a black hole that lies at the center of a galaxy 55 million light-years from Earth.

lie の代わりに、be located でも
かまいません。

34 国際労働機関は、各国政府と企業に、職場でのハラスメント防止対策を取るよう求めた。

 Tr. 064

❶ 機関が各国政府に求めた。

・・

❷ 国際労働機関(The International Labour Organization=ILO)は、各国政府に求めた。

・・

❸ 国際労働機関は、各国政府と企業(enterprises)に求めた。

・・

❹ 国際労働機関は、各国政府と企業に、ハラスメント防止対策(anti-harassment measures)を取るよう求めた。

・・

❺ 国際労働機関は、各国政府と企業に、職場でのハラスメント防止対策を取るよう求めた。

▶ POINT

文の核となるのは「AにBするよう求める／訴える」です。call on A to Bの構文を使いましょう。

---

❶ The organization called on governments.

---

❷ The International Labour Organization called on governments.

---

❸ The International Labour Organization called on governments and enterprises.

---

❹ The International Labour Organization called on governments and enterprises to take anti-harassment measures.

---

❺ The International Labour Organization called on governments and enterprises to take anti-harassment measures in the workplace.

workplace という単語は、
studio や office など、
いろいろな職場を含みます。

35 ノーベル平和賞の授賞式がノルウェーのオスロで、ICANの主要メンバーと原爆被爆者3人が出席して行われた。

 Tr. 065

❶ 式典が行われた。

❷ 授賞式がノルウェーのオスロで行われた。

❸ ノーベル平和賞の授賞式がノルウェーのオスロで行われた。

❹ ノーベル平和賞の授賞式がノルウェーのオスロで、原爆被爆者
（A-bomb survivors）が出席して行われた。

❺ ノーベル平和賞の授賞式がノルウェーのオスロで、ICANの主要メンバーと原爆被爆者が出席して行われた。

❻ ノーベル平和賞の授賞式がノルウェーのオスロで、ICANの主要メンバーと原爆被爆者3人が出席して行われた。

▶POINT

> The award ceremony for the Nobel Peace Prize を主語にします。「出席して」は、付帯的状況を表す with ~を使いましょう。

❶ The ceremony was held.

❷ The award ceremony was held in Oslo, Norway.

❸ The award ceremony for the Nobel Peace Prize was held in Oslo, Norway.

❹ The award ceremony for the Nobel Peace Prize was held in Oslo, Norway, with A-bomb survivors attending.

❺ The award ceremony for the Nobel Peace Prize was held in Oslo, Norway, with A-bomb survivors attending along with key ICAN members.

❻ The award ceremony for the Nobel Peace Prize was held in Oslo, Norway, with three A-bomb survivors attending along with key ICAN members.

A-bomb は、atomic bomb の略語、ICAN は「核兵器廃絶国際キャンペーン」(International Campaign to Abolish Nuclear Weapons) の頭文字語です。

31. A: 科学者たちは何の功績でノーベル賞を受賞したのですか？
   B: C型肝炎ウイルスの発見により、その3人の科学者たちは共同で
   ノーベル医学賞を受賞しました。

32. A: ドイツはかなり最近まで、東西に分かれていましたよね？
   B: いいえ、そうとは言えませんね。ドイツは2019年にベルリンの
   壁崩壊の30周年を祝いましたから。

33. A: 私はブラックホールの存在を信じません。証拠はあるのですか？
   B: ええ、ありますよ。実は、数年前に国際的な科学者チームがブラ
   ックホールの史上初の画像を捉えたんですよ。そのブラックホー
   ルは、地球から5500万光年の銀河の中心にあります。

34. A: 国際労働機関は、職場でのハラスメントにどのように対処しよう
   としたのですか？
   B: 各国政府と企業に、職場でのハラスメント防止策を取るよう求め
   ました。

35. A: 2017年のノーベル平和賞の授賞式は、どこで行われたのです
   か？
   B: 授賞式はノルウェーのオスロで、ICANの主要メンバーと原爆被
   爆者3人が出席して行われました。

31. A: What did the scientists do that earned them the Nobel Prize?

B: The three scientists were jointly awarded the Nobel Prize in medicine for the discovery of the hepatitis C virus.

32. A: Germany was divided into East and West until quite recently, wasn't it?

B: No, not really. Germany commemorated the 30th anniversary of the fall of the Berlin Wall in 2019.

33. A: I don't believe in black holes. Is there any proof?

B: Yes, there is. In fact, an international team of scientists captured the first-ever image of a black hole a few years ago. It lies at the center of a galaxy 55 million light-years from Earth.

34. A: How did the International Labour Organization try to deal with workplace harassment?

B: It called on governments and enterprises to take anti-harassment measures in the workplace.

35. A: Where was the Nobel Peace Prize ceremony held in 2017?

B: The award ceremony was held in Oslo, Norway, with three A-bomb survivors attending along with key ICAN members.

第3章

社会一般・生活／海外

第 四 章

スポーツ・文化

この章では、以下のような単語やフレーズが出てきます。
学習の前に目を通しておきましょう。

- [ ] 女子シングルス：women's singles
- [ ] 白血病：leukemia
- [ ] アニメ映画：animated movie
- [ ] 興行収益：box-office revenue
- [ ] 新国立競技場：the new National Stadium
- [ ] 最高峰：the highest peaks
- [ ] ヴェネツィア国際映画祭：the Venice International Film Festival
- [ ] 全国高校野球選手権大会：
  the National High School Baseball Championship

36 長く行方不明だったレオナルド・ダ・ヴィンチの絵が、ニューヨークのオークションで約4億5千万ドルで売れた。

 Tr. 071

❶ オークションで、ある絵が売れた。

❷ 長く行方不明だった絵が、オークションで売れた。

❸ 長く行方不明だったレオナルド・ダ・ヴィンチの絵が、オークションで売れた。

❹ 長く行方不明だったレオナルド・ダ・ヴィンチの絵が、オークションで約4億5千万ドルで売れた。

❺ 長く行方不明だったレオナルド・ダ・ヴィンチの絵が、ニューヨークのオークションで約4億5千万ドルで売れた。

> 「〜が売れる／売れた」は、自動詞の sell を使いましょう。「１千万」
> は ten million、「1 億」は one hundred million です。

---

❶ A painting sold at an auction.

....

❷ A long-lost painting sold at an auction.

....

❸ A long-lost painting by Leonardo da Vinci sold at an auction.

....

❹ A long-lost painting by Leonardo da Vinci sold for about $450 million at an auction.

....

❺ A long-lost painting by Leonardo da Vinci sold for about $450 million at an auction in New York.

第4章 スポーツ・文化

> 「〜の値で売れる」は sell at a price
> of 〜、「原価以下で売られる」は
> sell at below cost などと言います。
> 「〜（の値段）で売られる」というときは
> sell for 〜（金額）が便利です。

37 大坂なおみさんが、ニューヨークで開催された2018年と2020年の全米オープン女子シングルスで優勝した。

 Tr. 072

❶ 大坂なおみさんが優勝した。

❷ 大坂なおみさんがシングルスで優勝した。

❸ 大坂なおみさんが女子シングルスで優勝した。

❹ 大坂なおみさんが全米オープン女子シングルスで優勝した。

❺ 大坂なおみさんが、ニューヨークで開催された全米オープン女子シングルスで優勝した。

❻ 大坂なおみさんが、ニューヨークで開催された2018年と2020年の全米オープン女子シングルスで優勝した。

▶POINT

「〜（大会名）で優勝する」であれば win the championship at 〜
が使えます。

---

❶ Naomi Osaka won the championship.

❷ Naomi Osaka won the singles championship.

❸ Naomi Osaka won the women's singles championship.

❹ Naomi Osaka won the women's singles championship at
the U.S. Open.

❺ Naomi Osaka won the women's singles championship at
the U.S. Open in New York.

❻ Naomi Osaka won the women's singles championship at
the U.S. Open in New York in 2018 and 2020.

第4章 スポーツ・文化

「ダブルス」は doubles、
「混合ダブルス」は mixed doubles です。
また「2位（準優勝）になる」は
win second place と言います。

38 水泳選手の池江璃花子さんは白血病から回復し、19カ月ぶりに試合に復帰した。

 Tr. 073

❶ 池江璃花子さんは復帰した。

❷ 池江璃花子さんは、試合に復帰した。

❸ 水泳選手の池江璃花子さんは、試合に復帰した。

❹ 水泳選手の池江璃花子さんは、19カ月ぶりに試合に復帰した。

❺ 水泳選手の池江璃花子さんは白血病 (leukemia) から回復し、19カ月ぶりに試合に復帰した。

文の核になるのは「池江璃花子選手が試合に復帰した」です。「白血病から回復し」の部分は時制に注意して、分詞構文で表現しましょう。

❶ Rikako Ikee has returned.

❷ Rikako Ikee has returned to competition.

❸ Swimmer Rikako Ikee has returned to competition.

❹ Swimmer Rikako Ikee has returned to competition for the first time in 19 months.

❺ Swimmer Rikako Ikee, having recovered from leukemia, has returned to competition for the first time in 19 months.

このように主節の時制より前の話は、
「having ＋過去分詞」で
分詞構文にします。
recovering from ～とすると、
回復していきなり、という感じになって
しまいます。

39 オーストラリア大陸を横断するソーラーカー・レースが、2年に一度、開催される。

❶ レースが開催される。

❷ レースが一度、開催される。

❸ レースが2年に一度、開催される。

❹ ソーラーカー・レースが2年に一度、開催される。

❺ オーストラリアを横断するソーラーカー・レースが、2年に一度、開催される。

❻ オーストラリア大陸を横断するソーラーカー・レースが、2年に一度、開催される。

▶POINT

「開催される」はbe heldを使います。「2年に一度」はonce every two yearsと表現します。

❶ A race is held.

❷ A race is held once.

❸ A race is held once every two years.

❹ A solar car race is held once every two years.

❺ A solar car race across Australia is held once every two years.

❻ A solar car race across the Australian continent is held once every two years.

「2年に一度」は
once every two yearsですが、
同じことを表す「1年おきに一度」は
once every other yearと
言います。

115

40 そのアニメ映画の興行収益は、過去最高の46億円となった。

❶ 収益は過去最高となった。

❷ その映画の収益は過去最高となった。

❸ そのアニメ映画の収益は過去最高となった。

❹ そのアニメ映画の興行収益は、過去最高となった。

❺ そのアニメ映画の興行収益は、過去最高の46億円となった。

▶ POINT

「興行収益」はbox-office revenue、「過去最高（記録）の～」はa record high of～です。「（記録）となった」は、動詞hitを使います。

❶ The revenue hit a record high.

❷ The revenue from the movie hit a record high.

❸ The revenue from the animated movie hit a record high.

❹ The box-office revenue from the animated movie hit a record high.

❺ The box-office revenue from the animated movie hit a record high of 4.6 billion yen.

第4章 スポーツ・文化

劇場などの「切符売り場」を意味する box office は、box-office とハイフンでつながると形容詞になり、「興行の」「大人気の」を意味します。

36. A: 最近、美術関係の大きなニュースはありましたか？

    B: ええと、長く行方不明だったレオナルド・ダ・ヴィンチの絵が、ニューヨークのオークションで約4億5千万ドルで売れましたよ。

37. A: SNSで最も影響力のあるテニスプレーヤーは、誰だと思いますか？

    B: 大坂なおみさんはその一人だと思います。彼女は、ニューヨークで開催された2018年と2020年の全米オープン女子シングルスで優勝しました。

38. A: 白血病は治療に長くかかるので、多くの患者が仕事を辞めざるを得ません。

    B: そうでしょうね。ですが、水泳選手の池江璃花子さんは白血病から回復し、19カ月ぶりに試合に復帰しましたね。

39. A: 残念ながら、ソーラーカーはまだ長い距離は走れません。

    B: うーん、それはどうでしょうね。オーストラリア大陸を横断するソーラーカー・レースが、2年に一度、開催されています。これはとても長い距離ですよ。

40. A: 大ヒット漫画が原作のあのアニメ映画、利益は上がっているんでしょうか？

    B: そのアニメ映画の興行収益は、過去最高の46億円になりましたよ。

36. A: Has there been any big art news recently?

　　B: Well, a long-lost painting by Leonardo da Vinci sold for about $450 million at an auction in New York.

37. A: Who do you think is the most influential tennis player on social media?

　　B: I think Naomi Osaka is one of them. She won the women's singles championship at the U.S. Open in New York in 2018 and 2020.

38. A: It takes so long to treat leukemia that many patients have to give up their careers.

　　B: I guess so. However, swimmer Rikako Ikee, having recovered from leukemia, has returned to competition for the first time in 19 months.

39. A: I'm afraid that solar cars still can't go long distances.

　　B: Well, I wouldn't say that. A solar car race across the Australian continent is held once every two years. That's a very long distance.

40. A: Is the animated movie based on the blockbuster manga series showing a profit?

　　B: The box-office revenue from the animated movie hit a record high of 4.6 billion yen.

第4章 スポーツ・文化

大学ラグビー選手権大会の決勝戦は、新国立競技場に5万8千人の満員の観客を呼び込んだ。

 Tr. 081

❶ その試合は観客を呼び込んだ。

❷ その試合は満員の観客を呼び込んだ。

❸ その決勝戦は満員の観客を呼び込んだ。

❹ 大学ラグビー選手権大会の決勝戦は、満員の観客を呼び込んだ。

❺ 大学ラグビー選手権大会の決勝戦は、5万8千人の満員の観客を呼び込んだ。

❻ 大学ラグビー選手権大会の決勝戦は、新国立競技場に5万8千人の満員の観客を呼び込んだ。

►POINT

attractを使って「決勝戦が～を呼び込んだ」と考えれば、うまく英作文できます。

---

❶ The game attracted a crowd.

⋯⋯

❷ The game attracted a capacity crowd.

⋯⋯

❸ The final game attracted a capacity crowd.

⋯⋯

❹ The final game of the university rugby championships attracted a capacity crowd.

⋯⋯

❺ The final game of the university rugby championships attracted a capacity crowd of 58,000 fans.

⋯⋯

❻ The final game of the university rugby championships attracted a capacity crowd of 58,000 fans to the new National Stadium.

第4章 スポーツ・文化

「決勝戦」は the final game/match、
「準決勝」は the semifinal game/match、
「準々決勝」は
the quarterfinal game/match、
「予選」は the preliminary game/match
と言います。

42 故・田部井淳子さんは、「セブンサミット」、つまり7大陸すべての最高峰に登った最初の女性だった。

 Tr. 082

❶ 田部井淳子さんは最高峰に登った。

❷ 故・田部井淳子さんは最高峰に登った。

❸ 故・田部井淳子さんは、最高峰に登った最初の女性だった。

❹ 故・田部井淳子さんは、7大陸すべての最高峰に登った最初の女性だった。

❺ 故・田部井淳子さんは、「セブンサミット」、つまり7大陸すべての最高峰に登った最初の女性だった。

> 「〜した初めての男性／女性」は、the first man/woman to 〜を使
> えば楽に言えます。

---

❶ Junko Tabei climbed the highest peaks.

. . . .

❷ The late Junko Tabei climbed the highest peaks.

. . . .

❸ The late Junko Tabei was the first woman to climb the highest peaks.

. . . .

❹ The late Junko Tabei was the first woman to climb the highest peaks on all seven continents.

. . . .

❺ The late Junko Tabei was the first woman to climb the "Seven Summits," the highest peaks on all seven continents.

第4章 スポーツ・文化

故〜と言う時は、late が最も一般的。
late lamented（dead and
remembered with love という意味）、
あるいは deceased（recently dead）
なども使われます。

☺

123

43 児童文学の作家としての名声にもかかわらず、新見南吉が安城市の女子高で教えていたことは、ほとんど知られていない。

 Tr. 083

---

❶ 新美南吉が学校で教えていたことはほとんど知られていない。

....

❷ 新美南吉が女子高で教えていたことはほとんど知られていない。

....

❸ 新美南吉が安城市の女子高で教えていたことは、ほとんど知られていない。

....

❹ 作家としての名声にもかかわらず、新美南吉が安城市の女子高で教えていたことは、ほとんど知られていない。

....

❺ 児童文学の作家としての名声にもかかわらず、新美南吉が安城市の女子高で教えていたことは、ほとんど知られていない。

▶POINT

「〜はほとんど知られていない」は、few people know that 〜で言い表せます。

---

❶ Few people know that Nankichi Niimi taught at a school.

❷ Few people know that Nankichi Niimi taught at a girls' high school.

❸ Few people know that Nankichi Niimi taught at a girls' high school in Anjo City.

❹ Despite his fame as a writer, few people know that Nankichi Niimi taught at a girl's high school in Anjo City.

❺ Despite his fame as a writer of children's literature, few people know that Nankichi Niimi taught at a girls's high school in Anjo City.

第4章 スポーツ・文化

新見南吉（1913-1943年）は、
愛知県半田市出身の児童文学作家。
「ごん狐」や「手袋を買いに」などで
有名です。安城高等女学校では
英語、国語、農業を
教えていました。

44 黒沢清さんが映画「スパイの妻」で、ヴェネツィア国際映画祭において最優秀監督賞を受賞した。

 Tr. 084

❶ 黒沢清さんが賞を受賞した。

❷ 黒沢清さんが最優秀賞を受賞した。

❸ 黒沢清さんが映画祭において最優秀賞を受賞した。

❹ 黒沢清さんが映画祭において最優秀監督賞を受賞した。

❺ 黒沢清さんが映画「スパイの妻」(*Wife of a Spy*)で、映画祭において最優秀監督賞を受賞した。

❻ 黒沢清さんが映画「スパイの妻」で、ヴェネツィア国際映画祭において最優秀監督賞を受賞した。

> 「～（作品）で～（賞）を受賞する」は、receive ～（賞名）＋ for ～（作品名）の構文を使います。

❶ Kiyoshi Kurosawa received the award.

❷ Kiyoshi Kurosawa received the best award.

❸ Kiyoshi Kurosawa received the best award at the film festival.

❹ Kiyoshi Kurosawa received the best director award at the film festival.

❺ Kiyoshi Kurosawa received the best director award at the film festival for his movie *Wife of a Spy*.

❻ Kiyoshi Kurosawa received the best director award at the Venice International Film Festival for his movie *Wife of a Spy*.

第4章 スポーツ・文化

正確には the Silver Lion（銀獅子賞）を受賞しました。
「主演男優、女優」は leading actor/actress、「助演男優、女優」は supporting actor/actress と言うことも覚えておきましょう。

45 沖縄の高校の野球チームが神奈川のチームを破り、全国高校野球選手権大会で優勝した。

❶ その野球チームは勝った。

❷ その野球チームは優勝した。

❸ その野球チームは全国高校野球選手権大会で優勝した。

❹ その野球チームは神奈川のチームを破り、全国高校野球選手権大会で優勝した。

❺ 沖縄の高校の野球チームが神奈川のチームを破り、全国高校野球選手権大会で優勝した。

「破り」は「破る（負かす）ことによって」と考え、by defeating を使いましょう。

❶ The baseball team won.

❷ The baseball team won the championship.

❸ The baseball team won the National High School Baseball Championship.

❹ The baseball team won the National High School Baseball Championship by defeating the team from Kanagawa.

❺ The baseball team of a high school in Okinawa won the National High School Baseball Championship by defeating the team from Kanagawa.

第4章 スポーツ・文化

沖縄の高校の野球チームは
Okinawan high school
baseball team とも言えます。

41. A: 大学ラグビー選手権大会の決勝戦の観客数は何人でしたか？
B: 大学ラグビー選手権の決勝戦は、5万8千人の満員の観客を呼び込みました。

42. A: 日本人女性には、登山で名を馳せた人はいませんよね？
B: ちょっと、日本人女性を見くびらないでください！　故・田部井淳子さんは「セブンサミット」、つまり7大陸すべての最高峰に登った最初の女性でした。

43. A: 安城から誰か有名人は出ていますか？
B: はい、作家の新見南吉がいます。児童文学の作家としての名声にもかかわらず、彼がここ安城市の女子高で教えていたことは、ほとんど知られていません。

44. A: 好きな映画監督は誰ですか？
B: 黒沢清さんです。彼は、映画「スパイの妻」で、ヴェネツィア国際映画祭において最優秀監督賞を受賞しました。

45. A: この夏、沖縄で一番大きなニュースは何でしたか？
B: 沖縄の高校の野球チームが神奈川のチームを破って、全国高校野球選手権大会で優勝したことです。

41. A: How many people were at the university rugby championships final?

   B: The final game of the university rugby championships attracted a capacity crowd of 58,000 fans.

---

42. A: No Japanese woman has ever won fame for climbing high mountains, right?

   B: Hey, don't underestimate Japanese women! The late Junko Tabei was the first woman to climb the "Seven Summits," the highest peaks on all seven continents.

---

43. A: Does anyone famous come from Anjo?

   B: Yes, the author Nankichi Niimi. And despite his fame as a writer of children's literature, few people know that he taught at a girls' high school here in Anjo City.

---

44. A: Who is your favorite director?

   B: That's Kiyoshi Kurosawa. He received the best director award at the Venice International Film Festival for his movie *Wife of a Spy*.

---

45. A: What was the biggest news in Okinawa this summer?

   B: An Okinawan high school baseball team won the National High School Baseball Championship by defeating the team from Kanagawa.

第4章 スポーツ・文化

第 **五** 章

政治・外交

この章では、以下のような単語やフレーズが出てきます。
学習の前に目を通しておきましょう。

- [ ] 弾道ミサイル計画：ballistic missile program
- [ ] 領土主権：territorial sovereignty
- [ ] 輸出規制：export controls
- [ ] 国家安全法案：national security legislation
- [ ] 偵察機：reconnaissance plane
- [ ] 共同宣言：joint declaration
- [ ] 石炭火力発電所：coal-fired power plants
- [ ] 海上自衛隊：Maritime Self-Defense Force
- [ ] 解散する：dissolve
- [ ] 被災した：disaster-stricken

46 首相は、拉致問題は自らの政権の最優先事項だと繰り返し述べてきた。

 Tr. 091

❶ その問題は優先事項だ。

❷ 拉致問題は優先事項だ。

❸ 拉致問題は最優先事項だ。

❹ 首相は、拉致問題は最優先事項だと繰り返し述べてきた。

❺ 首相は、拉致問題は自らの政権の最優先事項だと繰り返し述べてきた。

▶ POINT

「〜と繰り返し述べる」はreiterate that〜。「拉致問題」は abduction issue、「政権」はadministrationと言います。

---

❶ The issue is a priority.

---

❷ The abduction issue is a priority.

---

❸ The abduction issue is a top priority.

---

❹ The prime minister has reiterated that the abduction issue is a top priority.

---

❺ The prime minister has reiterated that the abduction issue is a top priority for his administration.

「最優先事項」にはfirst priorityも 使えます。「優先度が高い事項」は high priority、逆に「優先度が 低い事項」はlow priorityと 言います。

47 アメリカは、日本にもっとアメリカ製品、特に農産物を輸入するように迫っている。

 Tr. 092

❶ アメリカは、日本に迫っている。

❷ アメリカは、日本に輸入するように迫っている。

❸ アメリカは、日本にもっと輸入するように迫っている。

❹ アメリカは、日本にもっとアメリカ製品を輸入するように迫っている。

❺ アメリカは、日本にもっとアメリカ製品、特に農産物を輸入するように迫っている。

「Aに対して〜するように迫る」は、press A to 〜（動詞原形）を使いましょう。「農産物」は farm products とします。

❶ The United States has been pressing Japan.

❷ The United States has been pressing Japan to import.

❸ The United States has been pressing Japan to import more.

❹ The United States has been pressing Japan to import more U.S. goods.

❺ The United States has been pressing Japan to import more U.S. goods, especially farm products.

「農産物」は farm products のほかに、
farm produce、agricultural produce
（produce は o にアクセント）、
agricultural products とも
言います。

48 政府には、厳しい財政状況を改善するために、あらゆる努力をすることが必要だ。

 Tr. 093

❶ 改善することが必要だ。

❷ 改善するために、あらゆる努力をすることが必要だ。

❸ 状況を改善するために、あらゆる努力をすることが必要だ。

❹ 厳しい状況を改善するために、あらゆる努力をすることが必要だ。

❺ 厳しい財政状況を改善するために、あらゆる努力をすることが必要だ。

❻ 政府には、厳しい財政状況を改善するために、あらゆる努力をすることが必要だ。

▶POINT

It is＋形容詞＋for＋人＋to＋動詞の構文を使いましょう。「あらゆる努力をする」は、make every effort とします。

❶ It's necessary to improve.

❷ It's necessary to make every effort to improve.

❸ It's necessary to make every effort to improve the situation.

❹ It's necessary to make every effort to improve the difficult situation.

❺ It's necessary to make every effort to improve the difficult financial situation.

❻ It's necessary for the government to make every effort to improve the difficult financial situation.

improve は、自動詞としても使えます。
例えば、「財政状態が良くなった」は
The financial situation has
improved. と言います。

49 横浜市民は、カジノリゾート開発計画が自分たちにとって本当にいくらかでも良いものになるか疑っている。

 Tr. 094

❶ 市民は、計画がいくらかでも良いものになるかを疑っている。

❷ 市民は、計画が本当にいくらかでも良いものになるか疑っている。

❸ 市民は、計画が自分たちにとって本当にいくらかでも良いものになるか疑っている。

❹ 横浜市民は、計画が自分たちにとって本当にいくらかでも良いものになるか疑っている。

❺ 横浜市民は、カジノリゾート開発（casino resort development）計画が自分たちにとって本当にいくらかでも良いものになるか疑っている。

▶POINT

> 目的語は「自分たちにとって本当にいくらかでも良いものになるか（を）」と、名詞節にしましょう。

---

❶ Citizens doubt a plan will be any good.

---

❷ Citizens doubt a plan will really be any good.

---

❸ Citizens doubt a plan will really be any good for them.

---

❹ Yokohama citizens doubt a plan will really be any good for them.

---

❺ Yokohama citizens doubt a casino resort development plan will really be any good for them.

---

doubt ＋名詞節は、
「〜について疑念を抱く」
という意味になります。

50

国連は、北朝鮮が弾道ミサイル計画に関連する、すべての活動をただちに停止することを要求している。

❶ 国連 (the United Nations) は、北朝鮮が計画を停止することを要求している。

❷ 国連は、北朝鮮が弾道ミサイル (ballistic missile) 計画を停止することを要求している。

❸ 国連は、北朝鮮が弾道ミサイル計画に関連する活動を停止することを要求している。

❹ 国連は、北朝鮮が弾道ミサイル計画に関連する、すべての活動を停止することを要求している。

❺ 国連は、北朝鮮が弾道ミサイル計画に関連する、すべての活動をただちに停止することを要求している。

「～することを要求する」は、demand that ＋主語＋（should）＋
動詞原形を使います。

❶ The United Nations is demanding that North Korea cease
   its program.

. . . .

❷ The United Nations is demanding that North Korea cease
   its ballistic missile program.

. . . .

❸ The United Nations is demanding that North Korea cease
   activities related to its ballistic missile program.

. . . .

❹ The United Nations is demanding that North Korea cease
   all activities related to its ballistic missile program.

. . . .

❺ The United Nations is demanding that North Korea
   immediately cease all activities related to its ballistic
   missile program.

第5章 政治・外交

demand、request、insist、order、
suggest などは、あとに続く節の中で
（should）＋動詞原形を使います。
should は省略されることが
多いです。

46. A: 拉致問題で何か進展がありましたか？
B: 進展はありません。首相は、拉致問題が自らの政権の最優先事項だと繰り返し述べていますが。

---

47. A: 最近の日米貿易の最大の問題は何ですか？
B: 私は自由貿易協定（FTA）だと思います。アメリカは、日本にもっとアメリカ製品、特に農産物を輸入するように迫っています。

---

48. A: 日本の財政は、かつてない規模で悪化しています。
B: 私もそう思います。政府には、厳しい財政状況を改善するために、あらゆる努力をすることが必要です。

---

49. A: 横浜市民は、カジノリゾート開発計画に賛成しているのですか？
B: そうは思いません。この計画が自分たちにとって本当にいくらかでも良いものになるか疑っていると聞いています。

---

50. A: 北朝鮮は、国際的な非難に反して、弾道ミサイル計画の開発を続けていると読みました。
B: そのとおりです。国連は、北朝鮮が弾道ミサイル計画に関連する、すべての活動をただちに停止することを要求しています。

46. A: Has there been any progress on the abduction issue?
　　B: I haven't seen any progress. The prime minister has reiterated that the abduction issue is a top priority for his administration, though.

47. A: What is the biggest issue in U.S.-Japan trade these days?
　　B: I think it's the Free Trade Agreement. The United States has been pressing Japan to import more U.S. goods, especially farm products.

48. A: Japan's finances are deteriorating on an unprecedented scale.
　　B: I agree. It's necessary for the government to make every effort to improve the difficult financial situation.

49. A: Are the citizens of Yokohama in favor of the casino resort development plan?
　　B: I don't think so. I heard they doubt the plan will really be any good for them.

50. A: I read that North Korea has continued developing its ballistic missile programs in violation of international condemnation.
　　B: That's right. The United Nations is demanding that North Korea immediately cease all activities related to its ballistic missile program.

51 専門家は、アメリカとイランが戦争に突入する可能性があると警告している。

 Tr. 101

❶ 戦争の可能性がある。

❷ 専門家は戦争の可能性があると警告している。

❸ 専門家は戦争に突入する (going to war) 可能性があると警告している。

❹ 専門家はアメリカが戦争に突入する可能性があると警告している。

❺ 専門家は、アメリカとイランが戦争に突入する可能性があると警告している。

「（国と国とが）戦争を始める」には go to war を使いましょう。「〜する可能性」は a possibility of 〜（動名詞）で表します。

---

❶ There is a possibility of war.

❷ Experts warn that there is a possibility of war.

❸ Experts warn that there is a possibility of going to war.

❹ Experts warn that there is a possibility of the United States going to war.

❺ Experts warn that there is a possibility of the United States and Iran going to war.

go to war の go to には「（〜という手段に）訴える」という意味があります。たとえば、「訴訟を起こす、裁判にする」は go to court と言えます。

52 中国は、石垣市議会の決議を、自国の領土主権に対する重大な挑戦だと表現した。

 Tr. 102

❶ 中国は、その決議を挑戦だと表現した。

❷ 中国は、議会（assembly）の決議を挑戦だと表現した。

❸ 中国は、石垣市議会の決議を挑戦だと表現した。

❹ 中国は、石垣市議会の決議を重大な挑戦だと表現した。

❺ 中国は、石垣市議会の決議を、自国の領土主権に対する重大な挑戦だと表現した。

▶ **POINT**

「AをBだと表現する」は describe A as B で表します。「決議」は resolution、「領土主権」は territorial sovereignty を使いましょう。

❶ China described the resolution as a challenge.

❷ China described the assembly's resolution as a challenge.

❸ China described the Ishigaki City assembly's resolution as a challenge.

❹ China described the Ishigaki City assembly's resolution as a serious challenge.

❺ China described the Ishigaki City assembly's resolution as a serious challenge to the country's territorial sovereignty.

第
5
章

政
治
・
外
交

resolution は重みのあるものに
よく使います。New Year's resolution
とは言いますが、New Year's decision
とは言いません。

53 日本はカンボジアに、2億8千万円に のぼるODA無償援助を供与すること を決定した。

 Tr. 103

❶ 日本は決定した。

❷ 日本は援助の供与を決定した。

❸ 日本はODAの無償援助 (ODA grant aid) を供与することを決定 した。

❹ 日本はカンボジアに、ODA無償援助を供与することを決定した。

❺ 日本はカンボジアに、2億8千万円にのぼるODA無償援助を供与 することを決定した。

▶ POINT

「供与する」は、「(恩恵、救助などを) 及ぼす、施す」を意味する extend で表します。また、「〜にのぼる」は to an amount of 〜 を使います。

---

❶ Japan has decided.

- -

❷ Japan has decided to extend its aid.

- -

❸ Japan has decided to extend its ODA grant aid.

- -

❹ Japan has decided to extend its ODA grant aid to Cambodia.

- -

❺ Japan has decided to extend its ODA grant aid to Cambodia to the amount of 280 million yen.

ODA は official development assisstance の頭文字語。extend は「援助を差し伸べる、資金を供与する」を意味します。

54 日本政府は、5年間で概算27兆円の予算を防衛のために使うことを計画している。

 Tr. 104

❶ 政府は、27兆円を使うことを計画している。

❷ 日本政府は、27兆円を使うことを計画している。

❸ 日本政府は、27兆円を防衛のために使うことを計画している。

❹ 日本政府は、概算27兆円の予算を防衛のために使うことを計画している。

❺ 日本政府は、5年間で概算27兆円の予算を防衛のために使うことを計画している。

「〜円の予算」は a budget of 〜、「概算〜（金額）」は estimated 〜を使います。「5年<u>間で</u>」の前置詞には over を使いましょう。

---

❶ The government plans to use 27 trillion yen.

❷ The Japanese government plans to use 27 trillion yen.

❸ The Japanese government plans to use 27 trillion yen for defense.

❹ The Japanese government plans to use a budget of an estimated 27 trillion yen for defense.

❺ The Japanese government plans to use a budget of an estimated 27 trillion yen over five years for defense.

「〜にわたる期間で」という意味を
表すときの前置詞は
over 〜です。

日本政府は、武器の生産に用いられるいくつかの物資について、韓国への輸出規制を強化した。

 Tr. 105

❶ 政府は規制を強化した。

❷ 政府は輸出規制を強化した。

❸ 日本政府は輸出規制を強化した。

❹ 日本政府は韓国への輸出規制を強化した。

❺ 日本政府は、いくつかの物資について韓国への輸出規制を強化した。

❻ 日本政府は、武器の生産に用いられるいくつかの物資について、韓国への輸出規制を強化した。

▶POINT

> 「（規制を）強化する」ときの動詞はtighten、「韓国への輸出規制」
> はexport controls to South Koreaを使いましょう。

❶ The government tightened controls.

❷ The government tightened export controls.

❸ The Japanese government tightened export controls.

❹ The Japanese government tightened export controls to South Korea.

❺ The Japanese government tightened export controls to South Korea on some materials.

❻ The Japanese government tightened export controls to South Korea on some materials used to produce arms.

第5章 政治・外交

> control と regulation はどちらも
> 「規制」ですが、control は「力」、
> regulation は「規則」のイメージが
> つきまといます。

51. A: アメリカとイランの関係について、新聞の社説はどのように言っていますか？

B: 専門家は、アメリカとイランが戦争に突入する可能性があると警告しています。

---

52. A: 中国は石垣市議会の決議を好まないでしょうね。

B: その通りです。中国は、石垣市議会の決議を、自国の領土主権に対する重大な挑戦だと表現しました。

---

53. A: プノンペン（カンボジアの首都）はインフラが非常に貧弱だという話を読みました。

B: はい。日本はカンボジアに2億8千万円にのぼるODA無償援助を供与することを決定しました。

---

54. A: 日本政府の直近の防衛予算は、どのくらいですか？

B: 日本政府は、5年間で概算27兆円の予算を防衛のために使うことを計画しています。

---

55. A: テレビのニュースでは、ソウルの日本大使館の近くで、学生たちがスローガンを叫んでいました。何があったのですか？

B: 日本政府は、武器の生産に用いられるいくつかの物資について、韓国への輸出規制を強化したんです。学生たちは、その決定について日本を批判しているんでしょう。

日本語を見ながら①Aを聞き→②ポーズで学んだ英文を使って答え→③模範例文Bを聞き→④もう一度、英文を繰り返します。次に何も見ずに①〜④をやってみます。うまく言えない場合は本編に戻りましょう。

51. A: What do newspaper editorials say about the relationship between the U.S. and Iran?
   B: Experts warn that there is a possibility of the United States and Iran going to war.

52. A: I guess China won't like the Ishigaki City assembly's resolution.
   B: You guessed right. China described the Ishigaki City assembly's resolution as a serious challenge to the country's territorial sovereignty.

53. A: I read that Phnom Penh had very poor infrastructure.
   B: Yes. Japan has decided to extend its ODA grant aid to Cambodia to the amount of 280 million yen.

54. A: How much is the Japanese government's latest defense budget?
   B: The Japanese government plans to use a budget of an estimated 27 trillion yen over five years for defense.

55. A: The TV news showed students shouting slogans near the Japanese embassy in Seoul. What happened?
   B: The Japanese government has tightened export controls to South Korea on some materials used to produce arms. I guess they are denouncing Japan for that decision.

第5章 政治・外交

56 核兵器禁止に関する歴史的な条約が、122の国と地域の支持を得て採択された。

❶ 条約が採択された。

❷ 国と地域の支持を得て、条約が採択された。

❸ 122の国と地域の支持を得て、条約が採択された。

❹ 歴史的な条約が、122の国と地域の支持を得て採択された。

❺ 禁止に関する歴史的な条約が、122の国と地域の支持を得て採択された。

❻ 核兵器禁止に関する歴史的な条約が、122の国と地域の支持を得て採択された。

「条約が採択された」を核に組み立てます。「～の支持を得て」は付帯的な状況を表す with ～を使います。

❶ The treaty was adopted.

❷ The treaty was adopted, with countries and regions supporting it.

❸ The treaty was adopted, with 122 countries and regions supporting it.

❹ The historic treaty was adopted, with 122 countries and regions supporting it.

❺ The historic treaty on a ban was adopted, with 122 countries and regions supporting it.

❻ The historic treaty on a nuclear weapons ban was adopted, with 122 countries and regions supporting it.

第5章 政治・外交

付帯的な状況を表す with ～については p. 43、83、103 などを参照してください。「歴史のある、歴史に残る」は historic、「史実に基づく、歴史に関する」は historical と言います。

57

中国は香港に対する統制を強化するために、(香港に) 国家安全法案を導入した。

 Tr. 112

❶ 中国は法案を導入した。

❷ 中国は安全法案を導入した。

❸ 中国は、国家安全法案 (national security legislation) を導入した。

❹ 中国は香港に国家安全法案を導入した。

❺ 中国は統制を強化するために、香港に国家安全法案を導入した。

❻ 中国は香港に対する統制を強化するために、(香港に) 国家安全法案を導入した。

制度や法律を「導入する」は introduce、「〜への統制」は control over 〜、「（統制を）強化する」には tighten を使います。

❶ China introduced legislation.

❷ China introduced security legislation.

❸ China introduced national security legislation.

❹ China introduced national security legislation in Hong Kong.

❺ China introduced national security legislation in Hong Kong to tighten its control.

❻ China introduced national security legislation in Hong Kong to tighten its control over the region.

第5章 政治・外交

形容詞の「きつい、窮屈な」は tight、動詞の「きつくする、しっかり締める」は tighten、
「タイトスカート」は英語でも tight skirt、「タイトなスケジュール」は tight schedule となります。

161

58

韓国の戦闘機が、韓国の領空を侵犯したロシアの偵察機を追い払うために威嚇射撃を行った。

 Tr. 113

❶ 戦闘機 (fighter jets) が射撃を行った。

❷ 韓国の戦闘機が射撃を行った。

❸ 韓国の戦闘機が威嚇射撃を行った。

❹ 韓国の戦闘機が飛行機を追い払うために威嚇射撃を行った。

❺ 韓国の戦闘機がロシアの偵察機 (reconnaissance plane) を追い払うために威嚇射撃を行った。

❻ 韓国の戦闘機が、韓国の領空 (airspace) を侵犯したロシアの偵察機を追い払うために威嚇射撃を行った。

「韓国の戦闘機が威嚇射撃を行った」を核に。「〜の領空を侵犯する」
は violate 〜's airspace を使いましょう。

---

❶ Fighter jets fired shots.

⋯⋯⋯⋯⋯⋯⋯⋯⋯⋯⋯⋯⋯⋯⋯⋯⋯⋯⋯⋯⋯⋯⋯⋯⋯⋯⋯⋯⋯⋯⋯⋯

❷ South Korean fighter jets fired shots.

⋯⋯⋯⋯⋯⋯⋯⋯⋯⋯⋯⋯⋯⋯⋯⋯⋯⋯⋯⋯⋯⋯⋯⋯⋯⋯⋯⋯⋯⋯⋯⋯

❸ South Korean fighter jets fired warning shots.

⋯⋯⋯⋯⋯⋯⋯⋯⋯⋯⋯⋯⋯⋯⋯⋯⋯⋯⋯⋯⋯⋯⋯⋯⋯⋯⋯⋯⋯⋯⋯⋯

❹ South Korean fighter jets fired warning shots to drive
away a plane.

⋯⋯⋯⋯⋯⋯⋯⋯⋯⋯⋯⋯⋯⋯⋯⋯⋯⋯⋯⋯⋯⋯⋯⋯⋯⋯⋯⋯⋯⋯⋯⋯

❺ South Korean fighter jets fired warning shots to drive
away a Russian reconnaissance plane.

⋯⋯⋯⋯⋯⋯⋯⋯⋯⋯⋯⋯⋯⋯⋯⋯⋯⋯⋯⋯⋯⋯⋯⋯⋯⋯⋯⋯⋯⋯⋯⋯

❻ South Korean fighter jets fired warning shots to drive
away a Russian reconnaissance plane that had violated
South Korean airspace.

第5章

政治・外交

この文脈では、
「追跡する」という意味の chase よりも
「移動させる、動かす」という意味の
drive が適しています。

59 抗議する人たちは、日本初の大規模な武器見本市の会場の外で、武器の貿易は違憲だと主張しながらデモを行った。

 Tr. 114

❶ 抗議する人たち（protesters）はデモを行った。

❷ 抗議する人たちは外でデモを行った。

❸ 抗議する人たちは会場（venue）の外でデモを行った。

❹ 抗議する人たちは、日本初の大規模な武器見本市（arms fair）の会場の外でデモを行った。

❺ 抗議する人たちは、日本初の大規模な武器見本市の会場の外で、貿易は違憲だと主張しながらデモを行った。

❻ 抗議する人たちは、日本初の大規模な武器見本市の会場の外で、武器の貿易は違憲だと主張しながらデモを行った。

「抗議する人たちはデモを行った」を核にします。「違憲だと主張する」の部分は argue を使って分詞構文にしましょう。

---

❶ Protesters demonstrated.

....

❷ Protesters demonstrated outside.

....

❸ Protesters demonstrated outside the venue.

....

❹ Protesters demonstrated outside the venue of Japan's first major arms fair.

....

❺ Protesters demonstrated outside the venue of Japan's first major arms fair, arguing that the trade was not constitutional.

....

❻ Protesters demonstrated outside the venue of Japan's first major arms fair, arguing that the weapons trade was not constitutional.

第5章 政治・外交

「違憲の」（形容詞）は
unconstitutional と1語でも言えますが、
デモの中では「NOT constitutional」と、
声高らかに否定したのでしょう。

60 2018年のAPEC首脳会議の参加者は、米中間の緊張のため、共同宣言の合意に至らなかった。

 Tr. 115

❶ 参加者 (participants) は合意に至らなかった。

❷ 首脳会議の参加者は合意に至らなかった。

❸2018年のAPEC首脳会議の参加者は合意に至らなかった。

❹2018年のAPEC首脳会議の参加者は、共同宣言の合意に至らなかった。

❺2018年のAPEC首脳会議の参加者は、緊張のため、共同宣言の合意に至らなかった。

❻2018年のAPEC首脳会議の参加者は、米中間の緊張のため、共同宣言の合意に至らなかった。

主語はAPEC首脳会議ではなく「首脳会議の参加者」になります。
「合意に至らなかった＝合意しそこなった」と考えましょう。

❶ Participants failed to agree.

❷ Participants at the summit failed to agree.

❸ Participants at the 2018 APEC summit failed to agree.

❹ Participants at the 2018 APEC summit failed to agree on a joint declaration.

❺ Participants at the 2018 APEC summit failed to agree on a joint declaration due to tensions.

❻ Participants at the 2018 APEC summit failed to agree on a joint declaration due to tensions between the United States and China.

「国と国との関係などの緊張状態」は
tensions（複数）。
社長が出て行って「部屋の緊張が
とけた」のなら、The tension in the
room dissolved.（単数）。

56. A: 核兵器禁止条約が締結されたという話を読みました。

B: はい、核兵器禁止に関する歴史的な条約が、122の国と地域の支持を得て採択されました。

---

57. A: たくさんの人が香港で逮捕されたそうですね。民主化活動家たちだったんでしょうか？

B: そう思います。中国は香港に対する統制を強化するために、(香港に) 国家安全法案を導入しましたから。

---

58. A: なぜロシアの大統領は韓国に対して怒っていたのですか？

B: 韓国の戦闘機が、韓国の領空を侵犯したロシアの偵察機を追い払うために威嚇射撃を行ったからです。

---

59. A: 昨日、会議場の前で見たあの集まりは何だったのですか？

B: 日本初の大規模な兵器見本市の会場の外で、武器の貿易は違憲だと主張してデモを行った抗議者たちです。

---

60. A: APEC2018の合意事項を探しているのですが、どこにもありません。

B: それは当然です。2018年のAPEC首脳会議の参加者は、米中間の緊張のため、共同宣言の合意に至らなかったのです。

---

56. A: I read that a treaty on the prohibition of nuclear weapons has been signed.

 B: Yes, the historic treaty on a nuclear weapons ban was adopted, with 122 countries and regions supporting it.

57. A: I heard many people have been arrested in Hong Kong. Were they pro-democracy activists?

 B: I think so. China introduced national security legislation in Hong Kong to tighten its control over the region.

58. A: Why was the Russian president upset with South Korea?

 B: Because South Korean fighter jets fired warning shots to drive away a Russian reconnaissance plane that had violated South Korean airspace.

59. A: What was that gathering we saw yesterday in front of the conference hall?

 B: They were protesters demonstrating outside the venue of Japan's first major arms fair, arguing that the weapons trade was not constitutional.

60. A: I've been searching for the APEC 2018 agreement but can't find it anywhere.

 B: That's no wonder. Participants at the 2018 APEC summit failed to agree on a joint declaration due to tensions between the United States and China.

第5章
政治・外交

61 高まる国際的批判にもかかわらず、日本政府は発展途上国への石炭火力発電所の輸出計画を進めている。

 Tr. 121

❶ 政府はその計画を進めている。

❷ 日本政府はその計画を進めている。

❸ 日本政府は発展途上国への輸出計画を進めている。

❹ 日本政府は、発展途上国への発電所の輸出計画を進めている。

❺ 日本政府は、発展途上国への石炭火力発電所（coal-fired power plants）の輸出計画を進めている。

❻ 高まる国際的批判にもかかわらず、日本政府は発展途上国への石炭火力発電所の輸出計画を進めている。

▶**POINT**

「〜にもかかわらず」はdespite＋名詞（句）、「〜を進める」は、こ
こではgo ahead with〜を使います。

❶ The government is going ahead with its plan.

❷ The Japanese government is going ahead with its plan.

❸ The Japanese government is going ahead with its plan to
export to developing countries.

❹ The Japanese government is going ahead with its plan to
export power plants to developing countries.

❺ The Japanese government is going ahead with its plan to
export coal-fired power plants to developing countries.

❻ Despite growing international criticism, the Japanese
government is going ahead with its plan to export coal-
fired power plants to developing countries.

第5章

政治・外交

「火力発電所」はthermal power
plant、「天然ガス火力発電所」は
natural gas-fired plant、「石油火力
発電所」はoil-fired power plantと
なります。

62 海上自衛隊の護衛艦1隻と哨戒機2機が、情報収集任務のために中東へ派遣された。

 Tr. 122

❶ 哨戒機 (patrol aircraft) 2機が派遣された。

----

❷ 護衛艦 (destroyer) 1隻と哨戒機2機が派遣された。

----

❸ 海上自衛隊の護衛艦1隻と哨戒機2機が派遣された。

----

❹ 海上自衛隊の護衛艦1隻と哨戒機2機が中東へ派遣された。

----

❺ 海上自衛隊の護衛艦1隻と哨戒機2機が、ある任務のために中東へ派遣された。

----

❻ 海上自衛隊の護衛艦1隻と哨戒機2機が、情報収集任務のために中東へ派遣された。

「派遣する」は dispatch、「情報収集任務のために」には on an information-gathering mission を使いましょう。

❶ Two patrol aircraft were dispatched.

❷ A destroyer and two patrol aircraft were dispatched.

❸ A destroyer and two patrol aircraft of the Maritime Self-Defense Force were dispatched.

❹ A destroyer and two patrol aircraft of the Maritime Self-Defense Force were dispatched to the Middle East.

❺ A destroyer and two patrol aircraft of the Maritime Self-Defense Force were dispatched to the Middle East on a mission.

❻ A destroyer and two patrol aircraft of the Maritime Self-Defense Force were dispatched to the Middle East on an information-gathering mission.

第5章

政治・外交

aircraft は単複同形です。
また普通、「護衛艦」は escort ship と
言いますが、海上自衛隊の護衛艦は、
立派な「駆逐艦」なので、
英訳するときは destroyer を
使います。

63 自民党の古参議員らは、そう遠くない将来、首相が衆議院を解散する可能性があると言っている。

 Tr. 123

---

❶ 自民党 (LDP = the Liberal Democratic Party) の議員らが、可能性があると言っている。

---

❷ 自民党の古参議員らが、可能性があると言っている。

---

❸ 自民党の古参議員らが、将来的に可能性があると言っている。

---

❹ 自民党の古参議員らが、そう遠くない将来、可能性があると言っている。

---

❺ 自民党の古参議員らは、そう遠くない将来、衆議院 (the Lower House) を解散する可能性があると言っている。

---

❻ 自民党の古参議員らは、そう遠くない将来、首相が衆議院を解散する可能性があると言っている。

▶ POINT

「〜の可能性がある」には there is a possibility of 〜を使いましょう。of の後は、「解散する (dissolve)」を動名詞にして続けます。

---

❶ LDP politicians say there is a possibility.

---

❷ Senior LDP politicians say there is a possibility.

---

❸ Senior LDP politicians say there is a possibility in the future.

---

❹ Senior LDP politicians say there is a possibility in the not-so-distant future.

---

❺ Senior LDP politicians say there is a possibility of dissolving the Lower House in the not-so-distant future.

---

❻ Senior LDP politicians say there is a possibility of the prime minister dissolving the Lower House in the not-so-distant future.

> 動名詞 dissolving の主語は
> the prime minister です。
> 文全体の主語と動名詞の主語が異なる
> ときは、動名詞の主語を所有格か
> 目的格で表します。

64 首相は、被災した住民の生活を正常に戻すために、政府は全面的な努力をするつもりだと述べた。

 Tr. 124

❶ 政府は努力するつもりだ。

❷ 政府は正常に戻すために努力するつもりだ。

❸ 政府は正常に戻すために全面的な (all-out) 努力をするつもりだ。

❹ 首相は、正常に戻すために、政府は全面的な努力をするつもりだと述べた。

❺ 首相は、住民の生活を正常に戻すために、政府は全面的な努力をするつもりだと述べた。

❻ 首相は、被災した (disaster-stricken) 住民の生活を正常に戻すために、政府は全面的な努力をするつもりだと述べた。

「生活を正常に戻す」は、get ＋ 目的語 (lives) ＋ 補語 (back to normal) の文型を使いましょう。

❶ The government will make an effort.

❷ The government will make an effort to get back to normal.

❸ The government will make an all-out effort to get back to normal.

❹ The prime minister said the government will make an all-out effort to get back to normal.

❺ The prime minister said the government will make an all-out effort to get the lives of residents back to normal.

❻ The prime minister said the government will make an all-out effort to get the lives of disaster-stricken residents back to normal.

第5章

政治・外交

all-out は「全面的な、徹底的な」という意味です。例えば regional war（局地戦争）に対して、all-out（全面戦争）のように使われます。

65 首相は、日本はインフラや環境などの分野でASEAN諸国への経済支援を増やす用意があると述べた。

 Tr. 125

❶ 日本は援助を増やす用意がある。

❷ 日本は経済支援を増やす用意がある。

❸ 首相は、日本は経済支援を増やす用意があると述べた。

❹ 首相は、日本はASEAN諸国への経済支援を増やす用意があると述べた。

❺ 首相は、日本は環境などの分野でASEAN諸国への経済支援を増やす用意があると述べた。

❻ 首相は、日本はインフラや環境などの分野でASEAN諸国への経済支援を増やす用意があると述べた。

「～する用意がある」は be ready to ～、「経済支援」には economic assistance、「～などの分野で」は in areas such as ～を使います。

❶ Japan is ready to increase assistance.

❷ Japan is ready to increase economic assistance.

❸ The prime minister said Japan is ready to increase economic assistance.

❹ The prime minister said Japan is ready to increase economic assistance to the ASEAN countries.

❺ The prime minister said Japan is ready to increase economic assistance to the ASEAN countries in areas such as the environment.

❻ The prime minister said Japan is ready to increase economic assistance to the ASEAN countries in areas such as infrastructure and the environment.

第5章

政治・外交

ASEAN は「東南アジア諸国連合」、Association of Southeast Asian Nations の頭文字語です。

61. A: 日本政府の石炭火力発電所の輸出は国際的な支持を受けているのでしょうか？

B: いいえ。それでも、高まる国際的批判にもかかわらず、日本政府は発展途上国への石炭火力発電所の輸出計画を進めています。

62. A: 日本政府が中東での情報収集を進めていると聞きましたが。

B: はい。海上自衛隊の護衛艦1隻と哨戒機2機が、情報収集任務のために中東に派遣されました。

63. A: 自民党は、内閣支持率の低下にどう対応するのですか？

B: 自民党の古参議員らは、そう遠くない将来、首相が衆議院を解散する可能性があると言っています。

64. A: 政府は被災者の支援について真剣なんでしょうか？

B: 首相は、被災した住民の生活を正常に戻すために、政府が全面的な努力をするつもりだと述べています。

65. A: 首相は、日本がASEAN諸国と良い関係を保つことは重要だと思っているのでしょうか？

B: ええ。首相は、日本はインフラや環境などの分野でASEAN諸国への経済支援を拡大する用意があると述べました。

61. A: Is there international support for the Japanese government's export of coal-fired power plants?
   B: No. Nevertheless, despite growing international criticism, the Japanese government is going ahead with its plan to export coal-fired power plants to developing countries.

62. A: I heard that the Japanese government is going ahead with an information-gathering mission in the Middle East.
   B: Yes. A destroyer and two patrol aircraft of the Maritime Self-Defense Force were dispatched to the Middle East on an information-gathering mission.

63. A: What will the LDP do about the declining approval rating of the cabinet?
   B: Senior LDP politicians say there is a possibility of the prime minister dissolving the Lower House in the not-so-distant future.

64. A: Is the government serious about helping the disaster victims?
   B: The prime minister said the government will make an all-out effort to get the lives of disaster-stricken residents back to normal.

65. A: Does the prime minister think it is important for Japan to maintain good relations with ASEAN countries?
   B: Yes. The prime minister said Japan was ready to increase economic assistance to the ASEAN countries in areas such as infrastructure and the environment.

第5章 政治・外交

第 六 章

事件・事故

この章では、以下のような単語やフレーズが出てきます。
学習の前に目を通しておきましょう。

- [ ] 拉致する：abduct
- [ ] 工作員：agent
- [ ] 防弾チョッキ：bulletproof jacket
- [ ] 足場：scaffold
- [ ] 振り込め詐欺：bank transfer scam
- [ ] 大虐殺：genocide
- [ ] 税関職員：customs officials
- [ ] 歯舞諸島沖：waters off the Habomai Islands

66 たくさんの人が、富士山上空の夜空に火の玉のような物体が点滅するのを見た。

 Tr. 131

❶ 人々は空にある物体を見た。

❷ たくさんの人が空にある物体を見た。

❸ たくさんの人が夜空に物体を見た。

❹ たくさんの人が、夜空に火の玉のような物体を見た。

❺ たくさんの人が、夜空に火の玉のような物体が点滅するのを見た。

❻ たくさんの人が、富士山上空の夜空に火の玉のような物体が点滅するのを見た。

「たくさんの人が、物体を見た」という部分が核になります。「知覚動詞＋目的語＋現在分詞」の形が使えます。

❶ People saw an object in the sky.

❷ Lots of people saw an object in the sky.

❸ Lots of people saw an object in the night sky.

❹ Lots of people saw an object like a fireball in the night sky.

❺ Lots of people saw an object like a fireball flashing in the night sky.

❻ Lots of people saw an object like a fireball flashing in the night sky over Mount Fuji.

「ぴかっと（一瞬）光るのを見た」と言いたいのであれば、「知覚動詞＋目的語＋原形」の形を使い、saw an object like a fireball flash になります。

67 横田めぐみさんは1977年、学校からの帰宅途中に北朝鮮の工作員に拉致された。

 Tr. 132

❶ 横田めぐみさんは拉致された (abducted)。

❷ 横田めぐみさんは帰宅途中に拉致された。

❸ 横田めぐみさんは、学校からの帰宅途中に拉致された。

❹ 横田めぐみさんは、1977年に学校からの帰宅途中に拉致された。

❺ 横田めぐみさんは1977年、学校からの帰宅途中に北朝鮮の工作員に拉致された。

▶POINT

> 「〜からの帰宅途中」は、主語がIなら、on <u>my</u> way home from〜
> ですが、ここの主語は横田めぐみさんなので気を付けましょう。

---

❶ Megumi Yokota was abducted.

....

❷ Megumi Yokota was abducted on her way home.

....

❸ Megumi Yokota was abducted on her way home from school.

....

❹ Megumi Yokota was abducted on her way home from school in 1977.

....

❺ Megumi Yokota was abducted by North Korean agents on her way home from school in 1977.

---

agent は「スパイ」とは限りません。
「秘密情報員」は
intelligence agent ですが、
「プロ運動選手・芸能人の代理人」も
agent です。また、「洗浄剤」は
cleaning agent と言います。

68 森の中でキノコを採っているとき、老人はヒグマに出会い、襲われて大けがをした。

❶ 老人はヒグマ (brown bear) に出会った。

❷ 森の中で、老人はヒグマに出会った。

❸ 森の中でキノコを採っているとき、老人はヒグマに出会った。

❹ 森の中でキノコを採っているとき、老人はヒグマに出会い、襲われた。

❺ 森の中でキノコを採っているとき、老人はヒグマに出会い、襲われてけがをした。

❻ 森の中でキノコを採っているとき、老人はヒグマに出会い、襲われて大けがをした。

> 「老人がヒグマに出会った」を文の核にして、「~いるとき」の部分は
> 分詞構文で、「ヒグマが何をしたか」は、関係代名詞を使います。

❶ An old man met a brown bear.

❷ In the woods, an old man met a brown bear.

❸ Picking mushrooms in the woods, an old man met a brown bear.

❹ Picking mushrooms in the woods, an old man met a brown bear, which attacked him.

❺ Picking mushrooms in the woods, an old man met a brown bear, which attacked and injured him.

❻ Picking mushrooms in the woods, an old man met a brown bear, which attacked and injured him badly.

分詞構文や関係代名詞を使うと、
「つなぎの言葉」が不要になり、
また同じ語句を繰り返さなくても
良いので便利ですね。

69 防弾チョッキを着た銃撃犯が無差別に発砲し始め、3人を殺害、他に17人を負傷させた。

 Tr. 134

---

❶ 銃撃犯（a gunman）が3人を殺害した。

---

❷ 無差別に発砲した銃撃犯が、3人を殺害した。

---

❸ 防弾チョッキ（a bulletproof jacket）を着た銃撃犯が無差別に発砲し、3人を殺害した。

---

❹ 防弾チョッキを着た銃撃犯が無差別に発砲し始め、3人を殺害した。

---

❺ 防弾チョッキを着た銃撃犯が無差別に発砲し始め、3人を殺害、他に17人を負傷させた。

「銃撃犯が殺害し、負傷させた」を核にしましょう。現在分詞と関係代名詞で状況や説明を付け加えましょう。

---

❶ A gunman killed three people.

❷ A gunman shooting at random killed three people.

❸ A gunman wearing a bulletproof jacket, shooting at random, killed three people.

❹ A gunman wearing a bulletproof jacket who began shooting at random, killed three people.

❺ A gunman wearing a bulletproof jacket who began shooting at random, killed three people and injured 17 others.

第6章

事件・事故

「銃乱射事件」は mass shooting、あるいは shooting rampage と言います。

70 ある銀行員に、12階建てビルの足場から落ちてきた鉄パイプが当たって重傷を負わせた。

 Tr. 135

❶ ある銀行員に鉄パイプ (an iron pipe) が当たった。

❷ ある銀行員に鉄パイプが当たってけがをさせた。

❸ ある銀行員に鉄パイプが当たって重傷を負わせた。

❹ ある銀行員に、ビルから落ちてきた鉄パイプが当たって重傷を負わせた。

❺ ある銀行員に、12階建てビルから落ちてきた鉄パイプが当たって重傷を負わせた。

❻ ある銀行員に、12階建てビルの足場 (the scaffold) から落ちてきた鉄パイプが当たって重傷を負わせた。

主語は、「銀行員」にして、受動態の文にしましょう。鉄パイプの様子は、後置修飾で処理します。

---

❶ A bank employee was hit by an iron pipe.

. . . .

❷ A bank employee was hit and injured by an iron pipe.

. . . .

❸ A bank employee was hit and seriously injured by an iron pipe.

. . . .

❹ A bank employee was hit and seriously injured by an iron pipe dropped from a building.

. . . .

❺ A bank employee was hit and seriously injured by an iron pipe dropped from a 12-story building.

. . . .

❻ A bank employee was hit and seriously injured by an iron pipe dropped from the scaffold on a 12-story building.

第6章

事件・事故

建築現場の「足場」は、
scaffolding/scaffold、
事業展開をする「足場」は
footing/footholdと言います。

193

66. A: 昨日の夜、みんな丘の上で何をしていたのですか？

B: たくさんの人が、富士山上空の夜空に火の玉のような物体が点滅するのを見ていたんです。

---

67. A: 北朝鮮による日本の民間人の誘拐事件について、何を知ってますか？

B: 横田めぐみさんは1977年、学校からの帰宅途中に北朝鮮の工作員に拉致されました。

---

68. A: どうしてこの山道は、黄色いテープでふさがれているのですか？

B: 事故があったからです。森の中でキノコを採っているとき、老人がヒグマに出会い、襲われて大けがをしたのです。

---

69. A: ショッピングモールでひどい銃撃事件があったと聞きました。

B: はい。防弾チョッキを着た銃撃犯が、無差別に発砲し始め、3人を殺害、他に17人を負傷させました。

---

70. A: なぜ道路が封鎖されているのですか？

B: ある銀行員に、12階建てビルの足場から落ちてきた鉄パイプが当たって重傷を負わせたと、誰かが言ってました。

66. A: What was everyone doing at the top of the hill last night?
   B: Lots of people saw an object like a fireball flashing in the night sky over Mount Fuji.

67. A: What do you know about the North Korean kidnappings of Japanese civilians?
   B: Megumi Yokota was abducted by North Korean agents on her way home from school in 1977.

68. A: Why is this mountain trail blocked off with yellow tape?
   B: Because there was an accident. Picking mushrooms in the woods, an old man met a brown bear, which attacked and injured him badly.

69. A: I heard that there was a terrible shooting incident at the shopping mall.
   B: Yes. A gunman wearing a bulletproof jacket began shooting at random, killed three people and injured 17 others.

70. A: Why is the road blocked?
   B: Someone said that a bank employee was hit and seriously injured by an iron pipe dropped from the scaffold on a 12-story building.

第6章

事件・事故

195

71 南カリフォルニアで発生した山火事の一つは、太平洋に到達するまで延焼し続けた。

 Tr. 141

❶ 山火事は太平洋に到達した。

❷ 山火事は太平洋に到達するまで延焼した。

❸ 南カリフォルニアの山火事は、太平洋に到達するまで延焼した。

❹ 南カリフォルニアの山火事は、太平洋に到達するまで延焼し続けた。

❺ 南カリフォルニアの山火事の１つは、太平洋に到達するまで延焼し続けた。

❻ 南カリフォルニアで発生した山火事の１つは、太平洋に到達するまで延焼し続けた。

「山火事の一つは、延焼し続けた」を核にしましょう。「延焼」は、「火事が広がる」と考えれば楽に英語に訳せます。

❶ A wildfire reached the Pacific.

❷ A wildfire spread until it reached the Pacific.

❸ A wildfire in Southern California spread until it reached the Pacific.

❹ A wildfire in Southern California continued to spread until it reached the Pacific.

❺ One of the wildfires in Southern California continued to spread until it reached the Pacific.

❻ One of the wildfires that began in Southern California continued to spread until it reached the Pacific.

ある動作や状態が、その時点まで続く場合は until を使い、You can stay here until 5 o'clock.（5時までここにいていいですよ）などと言います。ある動作がその時点「までに」行われる期限を表す場合は by を使い、Please leave here by 5 o'clock.（5時までにはここを出てください）と言います。

第6章 事件・事故

197

72 銀行員が偶然、問いかけなかったら、その老婦人は、振り込め詐欺で300万円をだまし取られただろう。

 Tr. 142

❶ その老婦人はだまされただろう。

---

❷ その老婦人は300万円をだまし取られた（conned out of）だろう。

---

❸ その老婦人は振り込め詐欺（bank transfer scam）で、300万円をだまし取られただろう。

---

❹ 銀行員が問いかけなかったら、その老婦人は、振り込め詐欺で300万円をだまし取られただろう。

---

❺ 銀行員が偶然、問いかけなかったら、その老婦人は、振り込め詐欺で300万円をだまし取られただろう。

► **POINT**

過去の出来事について「もし〜であったら…であったろう」は、
If＋過去完了, 主語＋ would have 〜（過去分詞）. の形で表します。

❶ The elderly woman would have been conned.

❷ The elderly woman would have been conned out of 3 million yen.

❸ The elderly woman would have been conned out of 3 million yen in a bank transfer scam.

❹ The elderly woman would have been conned out of 3 million yen in a bank transfer scam if the bank clerk had not questioned her.

❺ The elderly woman would have been conned out of 3 million yen in a bank transfer scam if the bank clerk had not by chance questioned her.

第6章

事件・事故

The Music Played (Matt Monro)、
I Saw Mommy Kissing Santa Claus
(The Jackson 5) の歌詞を味わうと
仮定法過去完了が
身に染みてきます。

73 2020年5月16日、フランス警察は26年前のルワンダ大虐殺に関与したと考えられる、国際指名手配犯を逮捕した。

 Tr. 143

❶ フランス警察が容疑者を逮捕した。

❷ フランス警察が国際指名手配犯を逮捕した。

❸ フランス警察は、ルワンダ大虐殺 (the Rwanda genocide) の国際指名手配犯を逮捕した。

❹ 2020年5月16日、フランス警察はルワンダ大虐殺の国際指名手配犯を逮捕した。

❺ 2020年5月16日、フランス警察は、ルワンダ大虐殺に関与したと考えられる国際指名手配犯を逮捕した。

❻ 2020年5月16日、フランス警察は26年前のルワンダ大虐殺に関与したと考えられる、国際指名手配犯を逮捕した。

▶ POINT

「フランス警察は犯人（容疑者＝suspect）を逮捕した」が文の骨格になります。あとは suspect の説明を前からと後ろからの修飾で。

---

❶ French police arrested a suspect.

---

❷ French police arrested an internationally wanted suspect.

---

❸ French police arrested an internationally wanted suspect in the Rwanda genocide.

---

❹ On May 16, 2020, French police arrested an internationally wanted suspect in the Rwanda genocide.

---

❺ On May 16, 2020, French police arrested an internationally wanted suspect believed to have been involved in the Rwanda genocide.

---

❻ On May 16, 2020, French police arrested an internationally wanted suspect believed to have been involved in the Rwanda genocide 26 years ago.

an internationally wanted suspect who was believed to have been ～ . の下線部を過去分詞にして、後ろから長く修飾しています。to have ～ は完了不定詞。主節の時制よりも以前のことを言います。

第6章 事件・事故

201

マレーシアの税関職員によると、5千匹以上のカメが2人のインド人によって、中国から飛行機で違法に持ち込まれたとのことだ。

🎧 Tr. 144

❶ マレーシアの税関職員 (Malaysian customs officials) によると、カメが持ち込まれたとのことだ。

❷ マレーシアの税関職員によると、カメが違法に持ち込まれたとのことだ。

❸ マレーシアの税関職員によると、カメが中国から違法に持ち込まれたとのことだ。

❹ マレーシアの税関職員によると、カメが中国から飛行機で違法に持ち込まれたとのことだ。

❺ マレーシアの税関職員によると、5千匹以上のカメが中国から飛行機で違法に持ち込まれたとのことだ。

❻ マレーシアの税関職員によると、5千匹以上のカメが2人のインド人 (Indian nationals) によって、中国から飛行機で違法に持ち込まれたとのことだ。

「カメが持ち込まれた」（受動態）が文の核になりますね。持ち込ん
だ人である「動作主」は、文末に来るのが普通です。

---

❶ Malaysian customs officials say turtles were brought in.

....

❷ Malaysian customs officials say turtles were illegally brought in.

....

❸ Malaysian customs officials say turtles were illegally brought in from China.

....

❹ Malaysian customs officials say turtles were illegally brought in from China by plane.

....

❺ Malaysian customs officials say more than 5,000 turtles were illegally brought in from China by plane.

....

❻ Malaysian customs officials say more than 5,000 turtles were illegally brought in from China by plane by two Indian nationals.

第6章

事件・事故

～ by plane（手段）by two Indian
nationals（動作主）の順が自然です。

合わせて24人が乗った5隻の日本の漁船が、歯舞諸島沖でロシア当局に拿捕された。

 Tr. 145

❶ 5隻の日本の漁船が拿捕された。

❷ 5隻の日本の漁船がロシア当局に拿捕された。

❸ 人が乗った5隻の日本の漁船がロシア当局に拿捕された。

❹ 合わせて24人が乗った5隻の日本の漁船がロシア当局に拿捕された。

❺ 合わせて24人が乗った5隻の日本の漁船が、歯舞諸島沖 (in waters off the Habomai Islands) でロシア当局に拿捕された。

「5隻の日本の漁船が拿捕された」(受動態)を核にしましょう。どんな漁船であったかは付帯状況を表す with を使うと便利です。

---

❶ Five Japanese fishing boats were captured.

....

❷ Five Japanese fishing boats were captured by Russian authorities.

....

❸ Five Japanese fishing boats with people on board were captured by Russian authorities.

....

❹ Five Japanese fishing boats with a total of 24 people on board were captured by Russian authorities.

....

❺ Five Japanese fishing boats with a total of 24 people on board were captured by Russian authorities in waters off the Habomai Islands.

第6章 事件・事故

「海域」や「領海」は waters。
「日本の領海」は Japanese territorial waters と言います。また、「川や多量の水」を意味することもあります。
「浅瀬に仇波」(浅瀬ほど波が立ち、深いところは静まり返っている＝思慮の浅い者ほど騒ぎ立てる)は、Still waters run deep. です。

71. A: 南カリフォルニアの山火事はどれくらいひどかったのですか？
　　B: 南カリフォルニアで発生した山火事の1つは、太平洋に達するまで延焼し続けました。

72. A: この写真を見てください。銀行員と女性が、ATMの前でうれしそうに笑ってますね。
　　B: 行員が振り込め詐欺を防いだんです。銀行員が偶然、問いかけなかったら、その老婦人は振り込め詐欺で300万円をだまし取られたでしょう。

73. A: 国際刑事裁判所の考えはいいと思うけれど、裁判にかけられる人はほとんどいないようですね。
　　B: それはそうだけど、2020年5月16日、フランス警察は26年前のルワンダの大虐殺に関与したと考えられる国際指名手配犯を逮捕しましたよ。

74. A: 世界中で違法な輸入品が増えているようですね。
　　B: そうですね。ニュースで見たのですが、マレーシアの税関職員によると、5千匹以上のカメが2人のインド人によって、中国から飛行機で違法に持ち込まれたとのことです。

75. A: 歯舞諸島近辺にいた日本の漁船はどうなったのですか？
　　B: 合わせて24人が乗った5隻の日本の漁船が、歯舞諸島沖でロシア当局に拿捕されました。

71. A: How bad were the wildfires in Southern California?
  B: One of the wildfires that began in Southern California continued to spread until it reached the Pacific.

72. A: Look at this photo. A bank clerk and a woman are smiling happily in front of an ATM.
  B: The clerk prevented a bank transfer scam. The elderly woman would have been conned out of 3 million yen in a bank transfer scam if the bank clerk had not by chance questioned her.

73. A: I like the idea of the International Criminal Court, but very few people seem to ever be tried.
  B: That's true, but on May 16, 2020, French police arrested an internationally wanted suspect believed to have been involved in the Rwanda genocide 26 years ago.

74. A: It seems like illegal imports are on the rise all over the world.
  B: Yes. I saw on the news that Malaysian customs officials said more than 5,000 turtles had been illegally brought in from China by plane by two Indian nationals.

75. A: What happened to Japanese fishing boats near the Habomai islands?
  B: Five Japanese fishing boats with a total of 24 people on board were captured by Russian authorities in waters off the Habomai Islands.

第6章 事件・事故

第 七 章

医療・健康

この章では、以下のような単語やフレーズが出てきます。
学習の前に目を通しておきましょう。

- [ ] 認知機能検査：cognitive test
- [ ] 風疹：rubella
- [ ] オプジーボ：Opdivo
- [ ] 免疫系統：immune system
- [ ] デング熱：dengue fever
- [ ] 代替品：alternatives
- [ ] 心臓疾患：heart disorders
- [ ] 平均寿命：life expectancy

76 75歳以上の運転者は、認知機能検査を受ける必要がある。

 Tr. 151

❶ 運転者はテストが必要だ。

❷ 運転者はテストを受ける必要がある。

❸ 運転者は認知機能検査を受ける必要がある。

❹ 75歳の運転者は、認知機能検査を受ける必要がある。

❺ 75歳以上の運転者は、認知機能検査を受ける必要がある。

「認知機能検査」は cognitive test、「75歳以上の人」には、75歳も含まれるので people at the age of 75 and above と言います。

❶ Drivers need a test.

❷ Drivers need to take a test.

❸ Drivers need to take a cognitive test.

❹ Drivers at the age of 75 need to take a cognitive test.

❺ Drivers at the age of 75 and above need to take a cognitive test.

cognitive（認識の、認知力の）は、名詞になると cognition（認知）、re- をつけると馴染みのある recognition（認識、識別）という単語になります。

😊

77 海外で動物にかまれたら、たとえささ いなものに見えても、ただちに医師に 診てもらいなさい。

 Tr. 152

❶ 医師に診てもらいなさい。

❷ ただちに医師に診てもらいなさい。

❸ かまれたら、ただちに医師に診てもらいなさい。

❹ 動物にかまれたら、ただちに医師に診てもらいなさい。

❺ 海外で動物にかまれたら、たとえささいな (trivial) ものに見えて も、ただちに医師に診てもらいなさい。

▶ POINT

> 「医師に診てもらう」はget medical help。「～にかまれる」はbe
> bitten by～を使いましょう。

---

❶ Get medical help.

---

❷ Get urgent medical help.

---

❸ If you are bitten, get urgent medical help.

---

❹ If you are bitten by any animal, get urgent medical help.

---

❺ If you are bitten by any animal abroad, get urgent
medical help, even if the wound seems trivial.

「医師に診てもらう」は
see a doctor
という言い方もあります。

78 風疹の感染が日本で拡大しており、妊婦への深刻な危険性について懸念が高まっている。

 Tr. 153

❶ 感染が拡大している。

---

❷ 風疹の感染が拡大している。

---

❸ 風疹の感染が日本で拡大している。

---

❹ 風疹の感染が日本で拡大しており、懸念が高まっている。

---

❺ 風疹の感染が日本で拡大しており、深刻な危険性について懸念が高まっている。

---

❻ 風疹の感染が日本で拡大しており、妊婦への深刻な危険性について懸念が高まっている。

「風疹の感染 (rubella infection) が拡大している」を核に、情報を付け足していきましょう。

---

❶ Infection is spreading.

---

❷ Rubella infection is spreading.

---

❸ Rubella infection is spreading in Japan.

---

❹ Rubella infection is spreading in Japan, arousing concern.

---

❺ Rubella infection is spreading in Japan, arousing concern about its serious danger.

---

❻ Rubella infection is spreading in Japan, arousing concern about its serious danger to pregnant women.

第7章 医療・健康

「そしてそのことが妊婦に対する懸念を～」は、arousing ～から始まる分詞構文にすることで、省くことができます。

215

79 オプジーボは、がん細胞と戦うため身体の免疫系統を活性化するようにつくられている。

❶ オプジーボ (Opdivo) はつくられている。
・・・
❷ オプジーボは活性化するようにつくられている。
・・・
❸ オプジーボは、身体を活性化するようにつくられている。
・・・
❹ オプジーボは、がん細胞と戦うため身体を活性化するようにつくられている。
・・・
❺ オプジーボは、がん細胞と戦うため身体の免疫系統を活性化するようにつくられている。

オプジーボ (Opdivo) はがんの治療薬の名前。「意図・目的を持ってつくられている」ことから、動詞は design を使います。

❶ Opdivo is designed.

❷ Opdivo is designed to activate.

❸ Opdivo is designed to activate the body.

❹ Opdivo is designed to activate the body to fight cancer cells.

❺ Opdivo is designed to activate the body's immune system to fight cancer cells.

fight は、自動詞として使うなら
fight against ～など前置詞が必要。
他動詞として使えば
前置詞は不要です。

80 デング熱は蚊によって伝染し、人から
人に直接広がることはない。

 Tr. 155

❶ デング熱は伝染する。

❷ デング熱は蚊によって伝染する。

❸ デング熱は蚊によって伝染し、広がる。

❹ デング熱は蚊によって伝染し、直接には広がらない。

❺ デング熱は蚊によって伝染し、人から人に直接広がることはない。

▶POINT

> transmitを使い「デング熱 (dengue fever)」は、1.「蚊によって伝わる」、2.「直接広がらない」の2文をつなぎます。

❶ Dengue fever is transmitted.

❷ Dengue fever is transmitted by mosquitoes.

❸ Dengue fever is transmitted by mosquitoes and spread.

❹ Dengue fever is transmitted by mosquitoes and does not spread directly.

❺ Dengue fever is transmitted by mosquitoes and does not spread directly from person to person.

「蚊が媒介する、蚊に由来する」はmosquito-borneとも言います。Dengue fever is a mosquito-borne disease. と言うこともできます。

第7章　医療・健康

219

76. A: 高齢ドライバーは運転免許証を更新するときに、何をしなければ
なりませんか？

    B: 75歳以上の運転者は、認知機能検査を受ける必要があります。

---

77. A: 海外で動物にかまれたら、どうすればいいですか？

    B: 海外で動物にかまれたら、たとえささいなものに見えても、ただ
ちに医師に診てもらってください。

---

78. A: 先進国では風疹はもう問題になっていませんよね？

    B: 日本では風疹の感染が拡大していて、妊婦への深刻な危険性につ
いて懸念が高まっています。

---

79. A: オプジーボは実際にどういう働きをするのですか？

    B: オプジーボは、がん細胞と戦うため身体の免疫系統を活性化する
ようにつくられているんです。

---

80. A: デング熱は接触伝染するのですか？

    B: いいえ。デング熱は蚊によって伝染し、人から人に直接広がるこ
とはありません。

76. A: What do senior drivers have to do when they renew their drivers' licenses?

   B: Drivers at the age of 75 and above need to take a cognitive test.

---

77. A: What should I do if I am bitten by an animal when I'm abroad?

   B: If you are bitten by any animal abroad, get urgent medical help, even if the wound seems trivial.

---

78. A: Rubella's no longer a problem in developed countries, is it?

   B: Rubella infection is spreading in Japan, arousing concern about its serious danger to pregnant women.

---

79. A: What does Opdivo actually do?

   B: Opdivo is designed to activate the body's immune system to fight cancer cells.

---

80. A: Is dengue fever contagious?

   B: No. Dengue fever is transmitted by mosquitoes and does not spread directly from person to person.

81 ある調査によれば、朝食を食べる生徒は食べない生徒より学力が高い。

 Tr. 161

❶ 生徒は朝食を食べる。

❷ ある調査によれば、生徒は朝食を食べる。

❸ ある調査によれば、朝食を食べる生徒は力が高い。

❹ ある調査によれば、朝食を食べる生徒は学力が高い。

❺ ある調査によれば、朝食を食べる生徒は食べない生徒より学力が高い。

「ある調査が、〜を示している」と考えて A study shows 〜で始めます。「学力」は academic performance を使いましょう。

---

❶ Students eat breakfast.

---

❷ A study shows that students eat breakfast.

---

❸ A study shows that students who eat breakfast have better performance.

---

❹ A study shows that students who eat breakfast have better academic performance.

---

❺ A study shows that students who eat breakfast have better academic performance than those who don't.

文末は ... than the students who don't eat breakfast. という意味。students は those に置き換わり、eat breakfast は省略されます。

82 ある日本の会社は、喫煙をしない従業員に、年6日間の追加の休日を与えることを決定した。

 Tr. 162

❶ ある会社が従業員に、6日間の休日を与えることを決定した。

❷ ある日本の会社は、従業員に6日間の休日を与えることを決定した。

❸ ある日本の会社は、従業員に6日間の追加の休日を与えることを決定した。

❹ ある日本の会社は、従業員に年6日間の追加の休日を与えることを決定した。

❺ ある日本の会社は、喫煙をしない従業員に、年6日間の追加の休日を与えることを決定した。

▶ POINT

> 「追加の〜」はadditional、「与える」は「認める、許可する」という
> 意味を込めて、動詞grantを使いましょう。

---

❶ A company has decided to grant its workers six days off.

---

❷ A Japanese company has decided to grant its workers
six days off.

---

❸ A Japanese company has decided to grant its workers
an additional six days off.

---

❹ A Japanese company has decided to grant its workers
an additional six days off a year.

---

❺ A Japanese company has decided to grant its
nonsmoking workers an additional six days off a year.

an + estimated/ extra/ additional
+名詞複数形は、下線部を
ひとまとまりと捉えた表現です。

世界的な健康志向の高まりの中で、すべての人気ファストフードチェーンは肉類の代替品をメニューに加えた。

 Tr. 163

❶ ファストフードチェーンはメニューに加えた。

❷ 人気のファストフードチェーンはメニューに加えた。

❸ すべての人気のファストフードチェーンはメニューに加えた。

❹ すべての人気ファストフードチェーンは代替品をメニューに加えた。

❺ すべての人気ファストフードチェーンは、肉類の代替品をメニューに加えた。

❻ 世界的な健康志向 (health-consciousness) の高まりの中で、すべての人気ファストフードチェーンは、肉類の代替品をメニューに加えた。

メニューの「肉類の選択肢 (meat options)」に、「代替のもの (alternatives)」を「加えた (added)」ということですね。

❶ Fast-food chains have added to their menus.

❷ Popular fast-food chains have added to their menus.

❸ All the popular fast-food chains have added to their menus.

❹ All the popular fast-food chains have added alternatives to their menus.

❺ All the popular fast-food chains have added alternatives to the meat options on their menus.

❻ All the popular fast-food chains have added alternatives to the meat options on their menus, amid growing health-consciousness worldwide.

医療・健康

第7章

amid は前置詞で
「〜の真っただ中で」、
growing は形容詞で
「高まる〜」の意味です。

227

84 ユニセフの子どもの幸せに関する報告書は、日本の子どもの心の健康を38カ国中ワースト2位と評価した。

❶ ある報告書は心の健康について評価した。

❷ ある報告書は日本の子どもの心の健康について評価した。

❸ ユニセフの報告書は、日本の子どもの心の健康を評価した。

❹ ユニセフの子どもの幸せに関する報告書は、日本の子どもの心の健康を評価した。

❺ ユニセフの子どもの幸せに関する報告書は、日本の子どもの心の健康をワースト2位と評価した。

❻ ユニセフの子どもの幸せに関する報告書は、日本の子どもの心の健康を38カ国中ワースト2位と評価した。

「評価した」は「格付けした」と考え、動詞は rate を使います。「ワースト2位」は second from the worst です。

❶ A report rated mental health.

❷ A report rated the mental health of Japanese children.

❸ A UNICEF report rated the mental health of Japanese children.

❹ A UNICEF report on child happiness rated the mental health of Japanese children.

❺ A UNICEF report on child happiness rated the mental health of Japanese children as second from the worst.

❻ A UNICEF report on child happiness rated the mental health of Japanese children as second from the worst among 38 countries.

第7章

医療・健康

「最後から2番目」は
second to last とも言います。
また、「誰にも負けない（誰に対しても
2番にはならない）」は
second to none です。
これらも覚えておきましょう。

229

85 がんや心臓疾患、脳疾患による死亡率の低下と、健康意識の高まりが平均寿命をさらに延ばした。

 Tr. 165

❶ 死亡率の低下が平均寿命 (life expectancy) を延ばした。

❷ がんによる死亡率の低下が平均寿命を延ばした。

❸ がんや脳疾患による死亡率の低下が平均寿命を延ばした。

❹ がんや脳疾患による死亡率の低下と健康意識 (health awareness) の高まりが平均寿命を延ばした。

❺ がんや脳疾患による死亡率の低下と健康意識の高まりが平均寿命をさらに延ばした。

❻ がんや心臓疾患、脳疾患による死亡率の低下と健康意識の高まりが平均寿命をさらに延ばした。

▶ POINT

> 「～による死亡率」は原因・理由を表すfromを使いdeath rates from～。「～の減少／増加」は、a decline/a rise in～です。

---

❶ A decline in death rates extended life expectancy.

---

❷ A decline in death rates from cancer extended life expectancy.

---

❸ A decline in death rates from cancer and brain diseases extended life expectancy.

---

❹ A decline in death rates from cancer and brain diseases along with a rise in health awareness extended life expectancy.

---

❺ A decline in death rates from cancer and brain diseases along with a rise in health awareness have further extended life expectancy.

---

❻ A decline in death rates from cancer, heart disorders and brain diseases along with a rise in health awareness have further extended life expectancy.

第7章

医療・健康

> 「もうこれ以上歩けません」と言うときは
> I can't walk any farther でも further
> でもかまいません。距離とは関係なく、
> 「さらに」と言いたい場合には、❺、❻
> のように further を使います。

81. A: 朝、何も食べる時間がないんです。

B: じゃあ、時間を作るべきかもしれませんね。ある調査によれば、朝食を食べる生徒は食べない生徒よりも学力が高いそうです。

82. A: 日本の人々は喫煙をやめるために、何かインセンティブを与えられていますか？

B: 喫煙をしない従業員に、年6日間の追加の休日を与えることを決定した日本の会社があります。

83. A: 私はベジタリアンなので、ファストフード店には行きません。

B: ええと、最近では、世界的な健康志向の高まりの中で、すべての人気ファストフードチェーンが肉類の代替品をメニューに加えています。

84. A: 日本の子どもたちは、世界の子どもたちと同じくらい幸せだと思いますか？

B: そうは思いません。ユニセフの子どもの幸せに関する報告書は、日本の子どもの心の健康は38カ国中、ワースト2位と評価しました。

85. A: 今、生まれた人たちは、その両親よりも長生きすると言われています。

B: そうですね、がんや心臓疾患、脳疾患による死亡率の低下と健康意識の高まりが、平均寿命をさらに延ばしました。

81. **A:** I never have time to eat anything in the morning.
    B: Well, maybe you should make time. A study shows that students who eat breakfast have better academic performance than those who don't.

82. **A:** Are people in Japan given any incentives to give up smoking?
    B: There is a Japanese company that has decided to grant its nonsmoking workers an additional six days off a year.

83. **A:** I don't go to fast-food restaurants because I'm vegetarian.
    B: Well, recently, all the popular fast-food chains have added alternatives to the meat options on their menus, amid growing health-consciousness worldwide.

84. **A:** Do you think children in Japan are as happy as other children around the world?
    B: I doubt it. A UNICEF report on child happiness rated the mental health of Japanese children as second from the worst among 38 countries.

85. **A:** People born today can expect to live longer than their parents.
    B: Yes, a decline in death rates from cancer, heart disorders and brain diseases along with a rise in health awareness have further extended life expectancy.

第7章 医療・健康

233

第八章

経済

この章では、以下のような単語やフレーズが出てきます。
学習の前に目を通しておきましょう。

- [ ] 創業：foundation
- [ ] 国内総生産：gross domestic product
- [ ] 小売業者：retailer
- [ ] 消費者支出：consumer spending
- [ ] 消費税増税：consumption tax hike
- [ ] 為替相場：exchange rate
- [ ] リチウムイオン電池：lithium-ion battery
- [ ] 貿易摩擦：trade friction
- [ ] 立ち遅れる：lag behind

パソコンの全世界の出荷量が、2019
年に7年ぶりに増加した。

 Tr. 171

❶ 出荷量が増加した。

- -

❷ パソコンの出荷量が増加した。

- -

❸ パソコンの全世界の出荷量が増加した。

- -

❹ パソコンの全世界の出荷量が、2019年に増加した。

- -

❺ パソコンの全世界の出荷量が、2019年に初めて増加した。

- -

❻ パソコンの全世界の出荷量が、2019年に7年ぶりに増加した。

「7年ぶりに＝7年という期間の中で初めて」と考えましょう。「出荷量」は shipments と簡単に言えます。

❶ Shipments increased.

❷ Shipments of personal computers increased.

❸ Global shipments of personal computers increased.

❹ Global shipments of personal computers increased in 2019.

❺ Global shipments of personal computers increased in 2019 for the first time.

❻ Global shipments of personal computers increased in 2019 for the first time in seven years.

「ひさしぶりに」は、
for the first time in years、あるいは
for the first time in ages と言います。

昨年、カジュアル衣料品大手のユニクロは、1963年の創業以来、最大の利益をあげた。

 Tr. 172

❶ ユニクロは利益をあげた。

❷ 昨年、ユニクロは利益をあげた。

❸ 昨年、カジュアル衣料品大手（casual clothing giant）のユニクロは利益をあげた。

❹ 昨年、カジュアル衣料品大手のユニクロは最大の利益をあげた。

❺ 昨年、カジュアル衣料品大手のユニクロは、創業（foundation）以来、最大の利益をあげた。

❻ 昨年、カジュアル衣料品大手のユニクロは、1963年の創業以来、最大の利益をあげた。

「利益をあげる」は「利益を達成する」と考えると、動詞 achieve が
ぴったりです。

❶ Uniqlo achieved gains.

❷ Last year, Uniqlo achieved gains.

❸ Last year, casual clothing giant Uniqlo achieved gains.

❹ Last year, casual clothing giant Uniqlo achieved its
biggest gains.

❺ Last year, casual clothing giant Uniqlo achieved its
biggest gains since its foundation.

❻ Last year, casual clothing giant Uniqlo achieved its
biggest gains since its foundation in 1963.

「過去最大の赤字を出す」
という場合には、
suffer one's worst loss ever と
言います。

第8章
経済

88 おそらく海外での日本食人気を反映して、日本酒の輸出が増加している。

 Tr. 173

❶ 輸出が増加している。

❷ 日本酒の輸出が増加している。

❸ 人気を反映して日本酒の輸出が増加している。

❹ おそらく海外での人気を反映して、日本酒の輸出が増加している。

❺ おそらく海外での日本食人気を反映して、日本酒の輸出が増加している。

「増加している」は be on the increase、「反映して」は、reflect を
現在分詞にして使いましょう。

❶ Exports are on the increase.

❷ Exports of Japanese sake are on the increase.

❸ Exports of Japanese sake are on the increase, reflecting
popularity.

❹ Exports of Japanese sake are on the increase, probably
reflecting popularity abroad.

❺ Exports of Japanese sake are on the increase, probably
reflecting the popularity of Japanese food abroad.

第
8
章

経
済

「減少して」は、
be on the decrease と言います。

😊

全国のスーパーやドラッグストアで、買い物客はトイレットペーパーが売り切れていてがっかりしていた。

❶ 買い物客 (shoppers) はがっかりしていた。

❷ 買い物客は、トイレットペーパーが売り切れていてがっかりしていた。

❸ スーパーで、買い物客はトイレットペーパーが売り切れていてがっかりしていた。

❹ スーパーやドラッグストアで、買い物客はトイレットペーパーが売り切れていてがっかりしていた。

❺ 全国のスーパーやドラッグストアで、買い物客はトイレットペーパーが売り切れていてがっかりしていた。

> 「買い物客はがっかりしていた」を核に、その理由を see ＋物＋状態
> で表します。「がっかりする」は be disappointed で。

❶ Shoppers were disappointed.

❷ Shoppers were disappointed to see that toilet paper had sold out.

❸ At supermarkets, shoppers were disappointed to see that toilet paper had sold out.

❹ At supermarkets and drugstores, shoppers were disappointed to see that toilet paper had sold out.

❺ At supermarkets and drugstores across the country, shoppers were disappointed to see that toilet paper had sold out.

「その知らせ（名詞）にがっかりした」は
I was disappointed at the news. と
言います。

90 その会社では時々、日本各地から社員が参加してオンライン会議を行う。

 Tr. 175

❶ その会社では会議を行う。

❷ その会社では時々、会議を行う。

❸ その会社では時々、オンライン会議を行う。

❹ その会社では時々、社員が参加してオンライン会議を行う。

❺ その会社では時々、日本から社員が参加してオンライン会議を行う。

❻ その会社では時々、日本各地から社員が参加してオンライン会議を行う。

▶**POINT**

「～が参加して」の部分は、付帯的状況を表す with ～を、「日本各地から」は from various parts of Japan を使いましょう。

❶ The company holds meetings.

❷ The company sometimes holds meetings.

❸ The company sometimes holds online meetings.

❹ The company sometimes holds online meetings, with workers attending.

❺ The company sometimes holds online meetings, with workers from Japan attending.

❻ The company sometimes holds online meetings, with workers from various parts of Japan attending.

online は副詞用法もあり、例えば
「オンラインで買い物をする」は
shop online と言います。

86. A: パソコンは以前ほど売れていませんよね、違いますか？

B: ええ、ですが、パソコンの全世界の出荷量が、2019年に7年ぶりに増加しました。

87. A: 昨年はどんな企業が好調だったのですか？

B: 昨年は、カジュアル衣料品大手のユニクロが、1963年の創業以来、最大の利益をあげました。

88. A: 日本酒は海外で人気がありますか？

B: おそらく海外での日本食人気を反映して、日本酒の輸出が増加しています。

89. A: 全国のスーパーやドラッグストアで何が起こったのでしょうか？

B: 全国のスーパーやドラッグストアでは、買い物客はトイレットペーパーが売り切れていてがっかりしていました。

90. A: パンデミック時の会議について、その会社はどのように対応していますか？

B: その会社では時々、日本各地から社員が参加してオンライン会議を行います。

86. **A:** I guess personal computers aren't selling as well as they used to, right?
   B: Yes, but global shipments of personal computers increased in 2019 for the first time in seven years.

87. **A:** What companies did well last year?
   B: Last year, casual clothing giant Uniqlo achieved its biggest gains since its foundation in 1963.

88. **A:** Is sake popular overseas?
   B: Exports of Japanese sake are on the increase, probably reflecting the popularity of Japanese food abroad.

89. **A:** What happened in supermarkets and drugstores across the country?
   B: At supermarkets and drugstores across the country, shoppers were disappointed to see that toilet paper had sold out.

90. **A:** What is the company doing about meetings during the pandemic?
   B: The company sometimes holds online meetings, with workers from various parts of Japan attending.

第8章 経済

247

91 日本の公債が2019年3月末に1100兆円に達し、国内総生産の2倍となった。

 Tr. 181

❶ 借金が1100兆円（1100 trillion yen）に達した。

---

❷ 日本の借金が1100兆円に達した。

---

❸ 日本の公債（public debt）が1100兆円に達した。

---

❹ 2019年に日本の公債が1100兆円に達した。

---

❺ 日本の公債が、2019年3月末に1100兆円に達した。

---

❻ 日本の公債が2019年3月末に1100兆円に達し、国内総生産の2倍となった。

「国内総生産の2倍となった」の箇所は、「言い換えれば、すなわち」
の意味の , or でつなぎましょう。

❶ Debt reached 1,100 trillion yen.

❷ Japan's debt reached 1,100 trillion yen.

❸ Japan's public debt reached 1,100 trillion yen.

❹ Japan's public debt reached 1,100 trillion yen in 2019.

❺ Japan's public debt reached 1,100 trillion yen at the end
of March in 2019.

❻ Japan's public debt reached 1,100 trillion yen at the end
of March in 2019, or twice the gross domestic product.

第8章 経済

「4の2倍は8」を、英語で言うと、
Twice four is eight.
となります。

92 若者がネットショッピングを好むので、
ファストファッション小売業者の中には、
最近売上が減少しているところがある。

 Tr. 182

---

❶ 売上が減少している。

---

❷ 小売業者の売上が減少している。

---

❸ 売上が減少している小売業者がある。

---

❹ 小売業者の中には、最近売上が減少しているところがある。

---

❺ ファストファッション小売業者の中には、最近売上が減少している
ところがある。

---

❻ 若者がネットショッピングを好むので、ファストファッション小売
業者の中には、最近売上が減少しているところがある。

「いくつかの小売業者は～だ」と考え、Sales of some fast-fashion retailers で始めるとうまく英作文できます。

❶ Sales have been declining.

❷ Sales of retailers have been declining.

❸ Sales of some retailers have been declining.

❹ Sales of some retailers have been declining recently.

❺ Sales of some fast-fashion retailers have been declining recently.

❻ Sales of some fast-fashion retailers have been declining recently, as young people prefer online shopping.

fast-fashion や fastfood の fast には
「回転が速い、低価格、人気がある」
というニュアンスがあります。

93 日本の消費者支出は、10月の消費税増税の後、落ち込んだと言われている。

 Tr. 183

❶ 支出が落ち込んだ。

----

❷ 支出が落ち込んだと言われている。

----

❸ 消費者支出 (consumer spending) が落ち込んだと言われている。

----

❹ 日本の消費者支出は落ち込んだと言われている。

----

❺ 日本の消費者支出は、消費税 (consumption tax) 増税の後、落ち込んだと言われている。

----

❻ 日本の消費者支出は、10月の消費税増税の後、落ち込んだと言われている。

▶**POINT**

> 「～したと言われている」は、is said to have ～の形を使いましょう。

---

❶ Spending has dropped.

❷ Spending **is said to have** dropped.

❸ **Consumer** spending is said to have dropped.

❹ **Japan's** consumer spending is said to have dropped.

❺ Japan's consumer spending is said to have dropped **after the consumption tax hike**.

❻ Japan's consumer spending is said to have dropped after the consumption tax hike **in October**.

時間のズレに気をつけましょう。
The owner of that Porsche is said to have been poor when he was young. は、噂されているのは今、貧しかったのは昔です。

94 金融情報によれば、今日の東京市場の為替相場は1ユーロ124円前後だ。

❶ 為替相場は、124円前後だ。

❷ 為替相場は1ユーロ124円前後だ。

❸ 今日の為替相場は1ユーロ124円前後だ。

❹ 今日の市場での為替相場は1ユーロ124円前後だ。

❺ 今日の東京市場での為替相場は1ユーロ124円前後だ。

❻ 金融情報によれば、今日の東京市場での為替相場は1ユーロ124円前後だ。

「為替相場」は exchange rate、「1ユーロ124円前後」は around 124 yen to the euro を使いましょう。

---

❶ The exchange rate is around 124 yen.

❷ The exchange rate is around 124 yen to the euro.

❸ Today's exchange rate is around 124 yen to the euro.

❹ Today's market exchange rate is around 124 yen to the euro.

❺ Today's Tokyo market exchange rate is around 124 yen to the euro.

❻ According to the financial news, today's Tokyo market exchange rate is around 124 yen to the euro.

円やユーロは、通貨名として使う場合は
the yen、the euro と
定冠詞を付けます。金額を表す場合は、
円は1 yen、2 yen ですが、
ユーロは1 euro、2 euros と言います。
日本の yen、韓国の won、
中国の yuan は単複同形です。

第8章 経済

255

95 そのショッピングモールは、駅の近くの便利な場所にあるので多くの買い物客を集めている。

 Tr. 185

❶ そのモールは買い物客を集めている。

❷ そのモールは多くの買い物客を集めている。

❸ そのショッピングモールは多くの買い物客を集めている。

❹ そのショッピングモールは、便利なので多くの買い物客を集めている。

❺ そのショッピングモールは、便利な場所にあるので多くの買い物客を集めている。

❻ そのショッピングモールは、駅の近くの便利な場所にあるので多くの買い物客を集めている。

「買い物客」は shopper、「便利な場所にある」は be conveniently located を使いましょう。

❶ The mall attracts shoppers.

❷ The mall attracts a lot of shoppers.

❸ The shopping mall attracts a lot of shoppers.

❹ The shopping mall attracts a lot of shoppers since it is convenient.

❺ The shopping mall attracts a lot of shoppers since it is conveniently located.

❻ The shopping mall attracts a lot of shoppers since it is conveniently located near the station.

第
8
章

経
済

逆に「不便なところにある」は、
be inconveniently located と
言います。

😊

91. A: 日本の財政状況はどのくらい悪いのですか？
B: 日本の公債は2019年3月末に1100兆円に達し、国内総生産の2倍となりました。

92. A: ファストファッションの小売店は、まだ好調なのでしょうか？
B: 若者がネットショッピングを好むので、ファストファッション小売業者の中には、最近売上が減少しているところがあります。

93. A: 消費税増税の影響は目に見えて現れていますか？
B: 日本の消費者支出は、10月の消費税増税の後、落ち込んだと言われています。

94. A: 今日の1ユーロはいくらですか？
B: 金融情報によれば、今日の東京市場での為替相場は、1ユーロ124円前後です。

95. A: ショッピングモールで働き始めたそうですね。新しい仕事はどうですか？
B: とても忙しいです。そのショッピングモールは、駅の近くの便利な場所にあるので、多くの買い物客を集めています。

91. A: How bad is Japan's financial situation?
  B: Japan's public debt reached 1,100 trillion yen at the end of March in 2019, or twice the gross domestic product.

92. A: Are fast-fashion retailers still doing well?
  B: Sales of some fast-fashion retailers have been declining recently, as young people prefer online shopping.

93. A: Has the consumption tax hike had any noticeable effect?
  B: Japan's consumer spending is said to have dropped after the consumption tax hike in October.

94 A: How much is one euro worth today?
  B: According to the financial news, today's Tokyo market exchange rate is around 124 yen to the euro.

95. A: I heard you have started working at a mall. How is your new job?
  B: I'm very busy. The shopping mall attracts a lot of shoppers since it is conveniently located near the station.

96 GSユアサはハンガリーで、年間の生産能力が最大50万個というリチウムイオン電池工場の操業を開始した。

 Tr. 191

❶ GSユアサは操業を開始した。

❷ GSユアサは工場の操業を開始した。

❸ GSユアサはリチウムイオン電池工場の操業を開始した。

❹ GSユアサはハンガリーでリチウムイオン電池工場の操業を開始した。

❺ GSユアサはハンガリーで、生産能力が50万個というリチウムイオン電池工場の操業を開始した。

❻ GSユアサはハンガリーで、年間の生産能力が最大50万個というリチウムイオン電池工場の操業を開始した。

► POINT

「年間～の生産能力」は yearly production capacity of ～、「リチウムイオン電池」は lithium-ion battery を使いましょう。

❶ GS Yuasa has started operation.

❷ GS Yuasa has started operation of a plant.

❸ GS Yuasa has started operation of a lithium-ion battery plant.

❹ GS Yuasa has started operation of a lithium-ion battery plant in Hungary.

❺ GS Yuasa has started operation of a lithium-ion battery plant in Hungary, with a production capacity of 500,000 units.

❻ GS Yuasa has started operation of a lithium-ion battery plant in Hungary, with a yearly production capacity of up to 500,000 units.

第8章

経済

GS ユアサは、自動車やその他産業用
電池などを製造しているメーカーです。
lithium-ion の発音には、
くれぐれもご注意ください。

97 ある専門家によると、米中間で続く貿易摩擦から恩恵を受けているアジアの国がいくつかあるという。

 Tr. 192

❶ いくつかのアジアの国が恩恵を受けている。

. . . .

❷ いくつかのアジアの国が貿易摩擦で恩恵を受けている。

. . . .

❸ ある専門家によると、いくつかのアジアの国が貿易摩擦で恩恵を受けている。

. . . .

❹ ある専門家によると、貿易摩擦から恩恵を受けているアジアの国がいくつかあるという。

. . . .

❺ ある専門家によると、米中間の貿易摩擦から恩恵を受けているアジアの国がいくつかあるという。

. . . .

❻ ある専門家によると、米中間で続く貿易摩擦から恩恵を受けているアジアの国がいくつかあるという。

▶POINT

「〜というアジアの国がある」と言ってから、どんな国か説明しましょう。「〜により恩恵を受ける」は benefit from 〜を使います。

---

❶ Some Asian countries have benefited.

---

❷ Some Asian countries have benefited from trade friction.

---

❸ An expert says some Asian countries have benefited from trade friction.

---

❹ An expert says there are some Asian countries that have benefited from trade friction.

---

❺ An expert says there are some Asian countries that have benefited from trade friction between the United States and China.

---

❻ An expert says there are some Asian countries that have benefited from the ongoing trade friction between the United States and China.

---

benefit は他動詞としても使えます。
「パンデミックで利益を得た企業もある」は
The pandemic has benefited some
companies. と言います。

98 日本企業は、アフリカ諸国への投資を増やす取り組みで中国の企業から立ち遅れている。

 Tr. 193

❶ 企業は遅れている (lagging)。

❷ 日本企業は遅れている。

❸ 日本企業は立ち遅れている。

❹ 日本企業は中国の企業から立ち遅れている。

❺ 日本企業は、投資を増加させる取り組みで中国の企業から立ち遅れている。

❻ 日本企業は、アフリカ諸国への投資を増やす取り組みで中国の企業から立ち遅れている。

▶POINT

> 「日本の企業」のJapanese companiesに対して「中国の企業」と
> 言う時は、Chinese counterpartsと言います。

---

❶ Companies are lagging.

---

❷ Japanese companies are lagging.

---

❸ Japanese companies are lagging behind.

---

❹ Japanese companies are lagging behind their Chinese counterparts.

---

❺ Japanese companies are lagging behind their Chinese counterparts in efforts to increase investment.

---

❻ Japanese companies are lagging behind their Chinese counterparts in efforts to increase investment in African countries.

「日本の政府高官は、アメリカの政府高
官らと会議をした」と言う場合には、
Japanese officials had a meeting
with their U.S. counterparts. と
なります。

第8章

経済

99 米国商務省は、2018年にアメリカの対中国貿易不均衡が拡大し、赤字が6210億ドルに達したと報告した。

❶ 米国商務省 (the Commerce Department) は報告した。

・・

❷ 米国商務省は、不均衡が拡大したと報告した。

・・

❸ 米国商務省は、中国との不均衡が拡大したと報告した。

・・

❹ 米国商務省は、アメリカの対中国貿易不均衡が拡大したと報告した。

・・

❺ 米国商務省は、2018年にアメリカの対中国貿易不均衡が拡大したと報告した。

・・

❻ 米国商務省は、2018年にアメリカの対中国貿易不均衡が拡大し、赤字が6210億ドルに達したと報告した。

「中国との貿易不均衡」と考え、trade imbalance with China。「赤字
が～達した」の部分は、付帯的状況を表す with ～で表現します。

---

❶ The Commerce Department reported.

. . . .

❷ The Commerce Department reported that the imbalance widened.

. . . .

❸ The Commerce Department reported that the imbalance with China widened.

. . . .

❹ The Commerce Department reported that the U.S. trade imbalance with China widened.

. . . .

❺ The Commerce Department reported that the U.S. trade imbalance with China widened in 2018.

. . . .

❻ The Commerce Department reported that the U.S. trade imbalance with China widened in 2018, with deficits reaching $621 billion.

第8章 経済

「平衡を失って不安定」な状態は
unbalance、「2つの間の不均衡」は
imbalance と言います。

日本の国内総生産は、2020年、約5兆800億ドルに達し、アメリカ、中国に次いで第3位だった。

 Tr. 195

❶ 国 内 総 生 産(gross domestic product)は5兆800億(5.08 trillion)ドルに達した。

❷ 日本の国内総生産は5兆800億ドルに達した。

❸ 日本の国内総生産は2020年に約5兆800億ドルに達した。

❹ 日本の国内総生産は、2020年に約5兆800億ドルに達し、第3位だった。

❺ 日本の国内総生産は、2020年、約5兆800億ドルに達し、アメリカ、中国に次いで第3位だった。

> 「日本の国内総生産は〜ドルに達した」の部分を核にします。「金額
> が〜となる」は amount to 〜、「〜に次いで」は following 〜です。

❶ The gross domestic product amounted to $5.08 trillion.

❷ The gross domestic product of Japan amounted to $5.08 trillion.

❸ The gross domestic product of Japan amounted to around $5.08 trillion in 2020.

❹ The gross domestic product of Japan amounted to around $5.08 trillion in 2020, making the country third largest.

❺ The gross domestic product of Japan amounted to around $5.08 trillion in 2020, making the country third largest following the U.S. and China.

第8章

経済

「日本の国内総生産」は短く言えば
Japan's GDP です。

96. A: GS ユアサはヨーロッパで事業を展開していますか？

　　B: はい、GS ユアサはハンガリーで、年間の生産能力が最大50万個というリチウムイオン電池工場の操業を開始しました。

97. A: 米国と中国の貿易摩擦は、世界経済にどのような影響を与えているのでしょうか？

　　B: ある専門家によると、米中間で続く貿易摩擦から恩恵を受けているアジアの国がいくつかあるそうです。

98. A: 日本企業はアフリカに十分な投資をしていますか？

　　B: そうは思いません。日本企業は、アフリカ諸国への投資を増やす取り組みで中国の企業から立ち遅れています。

99. A: 2018年の米中貿易事情はどうでしたか？

　　B: 米国商務省は、2018年にアメリカの対中国貿易不均衡が拡大し、赤字が 6210 億ドルに達したと報告しました。

100. A: 2020年の日本の GDP ランキングは何位でしたか？

　　B: 日本の国内総生産は、2020年、約5兆800億ドルに達し、アメリカ、中国に次いで第3位でした。

96. A: Has GS Yuasa got any operations in Europe?
  B: Yes, GS Yuasa has started operation of a lithium-ion battery plant in Hungary, with a yearly production capacity of up to 500,000 units.

97. A: How is the trade friction between the U.S. and China affecting the world economy?
  B: An expert says there are some Asian countries that have benefited from the ongoing trade friction between the United States and China.

98. A: Are Japanese companies investing enough in Africa?
  B: I don't think so. Japanese companies are lagging behind their Chinese counterparts in efforts to increase investment in African countries.

99. A: How was the U.S.-China trade situation in 2018?
  B: The Commerce Department reported that the U.S. trade imbalance with China widened in 2018, with deficits reaching $621 billion.

100. A: What was Japan's GDP ranking in 2020?
  B: The gross domestic product of Japan amounted to around $5.08 trillion in 2020, making the country third largest following the U.S. and China.

第8章

経済

中西哲彦

1952年生まれ。愛知教育大学卒。三重県立高校、ECC外語学院、日本福祉大学、名古屋外国語大学、皇學館大学、金城学院大学などで教え、英検セミナー派遣講師としても活躍。現在は茅ヶ崎方式英語会顧問として「茅ヶ崎方式 季刊LCT」の編集にも参画し、三重県、岐阜県、愛知県東海市教育委員会が主催する研修などにも登壇する。著作に『完全攻略！ 英検®1級』（アルク刊）他。英検1級、準1級合格のための自主学習教材「英語上級者への道 Listen and Speak」（日本英語検定協会）https://www.eiken.or.jp/eikentimes/listen/ も制作。

『足すだけ英会話トレーニング』

発行日　2021年8月26日（初版）

著者：中西哲彦
協力：茅ヶ崎方式英語会
編集：株式会社アルク 書籍編集チーム
英文執筆・校正：Braven Smillie / Peter Branscombe / Margaret Stalker
編集協力：挙市玲子
アートディレクション・本文デザイン：伊東岳美
イラスト：山村真代
英語ナレーション：Rachel Walzer / Josh Keller
日本語ナレーション：アート・クエスト　夏目ふみよ／勝沼紀義
音声録音・編集：株式会社メディアスタイリスト
DTP：朝日メディアインターナショナル株式会社
印刷・製本：シナノ印刷株式会社

発行者：天野智之
発行所：株式会社アルク
　　　　〒102-0073 東京都千代田区九段北4-2-6 市ヶ谷ビル
　　　　Website: https://www.alc.co.jp/

地球人ネットワークを創る

アルクのシンボル
「地球人マーク」です。